CLAUDIA JONAS

Internat Wespennest

Angelika gehört dazu

ILLUSTRIERT VON ULRIKE HEYNE

Schneider-Buch

Inhalt

Der Prüfer

„Sonntagssachen sind wirklich das Letzte. Besonders, wenn man sie anziehen muß."

Andy klopft sich ärgerlich ein paar Fusseln vom Ärmel seines dunkelblauen Blazers. Dann tritt er neben Mami an den Spiegel und streckt sich die Zunge raus. Mami, die gerade hingebungsvoll ihre ein wenig zu flach geratene Oberlippe herzförmig ausmalt – mit einem neuen Lippenstift, ganz unauffällige Farbe und extra für diesen Nachmittag gekauft –, wirft Andy einen amüsierten Blick zu.

„Auch wenn du's nicht gerne hörst, mein Sohn, du siehst fabelhaft aus! Gentleman-Look steht dir. Warum machst du dich nicht mal für mich so fein und gehst mit mir aus?"

„Für dich täte ich das sofort!" Andy hängt sich bei Mami ein und reckt sich hoch auf. Bald ist er so groß wie sie.

„Du tust es auch heute für mich", sagt Mami leise. Es klingt zärtlich und beschwörend zugleich, und Andy begreift plötzlich, daß sie sich vor diesem Nachmittag genauso fürchtet wie er selbst, auch wenn es – vernünftig betrachtet – gar keinen Grund zur Aufregung gibt.

Denn was haben sie schon zu befürchten? Na schön, der Mann vom Jugendamt kommt, ein neuer, den sie noch nicht kennen. Es kommen immer wieder mal Leute vom Jugendamt, um zu sehen, ob mit Andy hier alles in Ordnung ist. Sie entschuldigen sich pausenlos, sehen sich scheu in der eleganten Wohnung um, fühlen sich fehl am Platze und stellen dann doch eine Menge blödsinniger Fragen. Andy jedenfalls findet sie blödsinnig, richtig beleidigend für Mami und Pop – denn daß es ihm hier gutgeht, das sieht doch ein Blinder!

„Ist der Kaffeetisch fertig?" fragt Mami.

„Klar. Ich setze jetzt das Wasser auf. Soll ich den Kuchen schon vorschneiden, oder tun wir das nachher am Tisch?" Sogar einen Kuchen hat Andy gebacken für den Typ. Alles nur, um einen guten Eindruck zu machen! Hoffentlich weiß der es zu würdigen. „Ich bin gespannt, wann wir diese Schau zum letzten Mal abziehen dürfen", knurrt Andy böse.

„Du betrachtest die Leute vom Jugendamt immer noch als Feinde, nicht wahr?"

„Sind sie ja auch! Weiß ich denn, ob sie nicht plötzlich auf die Idee kommen, mich hier wieder wegzuholen?"

„Quatsch!" sagt Mami. Ihr Lachen klingt eine Spur nervös. „Nur über meine Leiche!"

„Außerdem sind sie froh, daß sie dich endlich los sind!" mischt sich Joy ins Gespräch, die im Wohnzimmer auf dem Teppich liegt und in einem Krimi schmökert. „Was regst du dich auf? So eine nette Familie wie uns finden sie so leicht nicht zum zweiten Mal!"

Joy richtet sich gähnend auf, feuert den Krimi auf Pops Fernsehschlummersessel, stellt bedauernd fest, daß ihre vorhin noch schneeweißen Jeans um die Knie bereits eine leicht graue Färbung zeigen, die durch heftiges Beklopfen nur stärker wird, und schlendert zu Andy in die Diele hinaus. Sie stellt sich neben ihn vor den Spiegel, dort wo eben noch Mami ihrem Make-up letzte Perfektion verliehen hat, und legt Andy den Arm um die Schulter.

„Wir könnten Geschwister sein", stellt sie mit ernstem Gesicht fest. „Die gleichen braunen Augen, der gleiche Wuschelkopf, die gleiche Größe, sogar die gleichen kräftigen Backenknochen haben wir. Nur, daß bei dir alles ein bißchen dunkler ist: Haare, Augen, Haut und so. Das ist die männliche Note an dir. Ich werde in Zukunft allen sagen, wir wären Zwillinge, wo wir doch sowieso beide vierzehn sind . . ."

Andy grinst.

„Weißt du, was gestern eine Kundin in der Apotheke zu Pop gesagt hat?"

„Na?"

„Sie hat auf mich gezeigt und gesäuselt: ‚Erstaunlich, wie ähnlich Ihnen Ihr Sohn ist, Herr Thomas! Dabei schlagen die Buben doch meist mehr nach der Mutter und die Töchter nach dem Vater! Aber bei Ihnen beiden kann man wirklich sagen – ganz der Papa!' Pop hat fast einen Hustenanfall gekriegt vor Lachen. Ich dachte, er würde die Sache aufklären, von wegen Pflegesohn und so, aber kein Wort! Er hat mir über den Kopf gestrichen und mir zugezwinkert. Und dann hat er zu der Dame gesagt: ‚Ja, allmählich glaube ich es selber.' Gut, was?"

„Spitze. Also, mach dir keine Sorgen, wir werden es dem Onkel vom Jugendamt schon zeigen. Meinst du, ich soll doch lieber ein Kleid anziehen?"

„Quatsch! Ich finde, Oma-Hemden stehen dir super“, erklärt Andy und betrachtet seine Schwester fachmännisch von allen Seiten. „Untenrum siehst du aus wie ein frischgestrichenes Fußballtor nach zwei Pfostenschüssen und obenrum wie eine Gummi-Ente im Nachthemd.“

„Mistvieh! Ich schmeiß gleich mit Mehlklümpchen nach deiner Paradeuniform. Oder mit Wattebäuschchen, das ziert ungemein!“

„Menschenskind, da kommt er schon! Und ich habe noch kein Wasser aufgesetzt, verdammter M . . .“

„Ist schon alles erledigt. Kein Grund zur Aufregung!“

Mami kommt aus der Küche zurück und zupft noch einmal an ihrer Frisur, dann atmet sie tief durch und breitet vom Kopf bis zu den Zehenspitzen zuversichtliches Lächeln über sich aus. Joy und Andy schlucken nervös und starren auf die Haustür, als stünde Dracula persönlich dahinter.

„Mach du auf, Andy!“ sagt Mami leise, als die Glocke anschlägt.

Andy fühlt sich, als solle er eine Prüfung ablegen, auf die er sich nicht vorbereitet hat. Zögernd öffnet er die Tür. Der Typ vom Jugendamt ist unerwartet jung. Verstohlen zieht er an seiner Jeansjacke.

„Ich komme doch nicht zu früh?“ sagt er und schaut über Andy hinweg nach Mami aus.

„Aber nein!“ Mami kommt ihm mit ausgestreckter Hand entgegen und strahlt ihn so lange an, bis er sich lockerer fühlt. „Kommen Sie rein, Herr Seemann, der Kaffee wird gleich fertig sein.“

„Hier geht's lang“, hilft Andy ihm hinein. Seine Nervosität ist verflogen. „Ich hoffe, Sie mögen Zitronenkuchen, ich habe nämlich einen gebacken.“

Er sieht eigentlich ganz menschlich aus, denkt er. Richtig lässig. Man kann sich vorstellen, daß er mit seinen Kindern spielt und viel Verständnis für sie hat.

Herr Seemann wird in den Besuchersessel verfrachtet, das ist der, der am wenigsten abgegriffen aussieht und von dem aus man die Brandflecken im Teppich nicht sehen kann, die vom vorigen Weihnachtsfest stammen. Joy bringt den Kaffee und schenkt ein. Für sich und Andy hat sie Kakao mitgebracht.

„Meinen Mann müssen Sie übrigens entschuldigen, Herr Seemann", sagt Mami. „Er hat in der Apotheke zu tun. Wir haben zur Zeit keine voll ausgebildete Apothekerin, nur eine Hilfskraft, die kann er natürlich nicht allein lassen."

„Natürlich!" sagt Herr Seemann ganz selbstverständlich.

„Ich halte es für enorm wichtig", sagt Mami lebhaft, „daß das Jugendamt seine Verpflichtung ernst nimmt, sich von dem seelischen und leiblichen Wohlbefinden seiner Schutzbefohlenen zu überzeugen! Gute Familienverhältnisse sind noch keine Garantie dafür, daß ein Kind auch wirklich glücklich ist und zu seinem Recht kommt, nicht wahr?"

„Das stimmt." Herr Seemann schielt nach dem Kuchen, und Andy reißt die Platte hoch und hält sie ihm unter die Nase. „Hm, das duftet ja köstlich! Und den hast du wirklich selbst gebacken?"

„Andy backt leidenschaftlich gerne Kuchen. Er verführt uns ständig mit seinen phantasievollen Schöpfungen. In den Ferien, wenn die Kinder zu Hause sind, nehmen wir regelmäßig ein paar Pfund zu. Vor allem für meinen Mann ist das gar nicht gut!"

Mami lacht nervös. Hätte sie das nicht sagen sollen? Kann man es mißverstehen? Aber Herr Seemann scheint sich ganz auf den Kuchen zu konzentrieren.

„Einfach köstlich!" lobt er. „So etwas habe ich noch nie gegessen! Ob du mir wohl das Rezept aufschreiben kannst?"

„Das tut er sicher gern!" sagt Mami und beißt sich auf die Lippen. Warum läßt sie Andy nicht reden? Wenn sie weiter so hektisch reagiert, wird Herr Seemann glauben, sie hätte etwas zu verbergen.

„Klar mache ich das. Es ist ganz einfach."

Andy ist jetzt ganz ruhig. Er spürt instinktiv, daß der Mann, der ihm hier gegenübersitzt und seinen Kuchen ißt, es gut mit ihm meint. Andy legt ihm gleich noch ein Stück auf.

Herr Seemann zieht einen Notizblock aus der Brusttasche seiner Jacke und blättert darin.

„Ich habe mir hier ein paar Stichworte über dich aufgeschrieben, Andy", sagt er. „Wir kennen uns ja noch nicht. Nachdem deine Pflegeeltern den Adoptionsantrag gestellt haben, hat man mich mit der Angelegenheit betraut."

Ein sympathischer Zug an ihm, denkt Andy, daß er nicht mit dem dicken Aktenordner kommt. Ich hasse diese Aktenordner. Er macht's mehr auf die unauffällige Art.

„Ja", fährt Herr Seemann fort. „Eine ungewöhnliche Lebensgeschichte hast du. Von deinen leiblichen Eltern fehlt jede Spur, du bist zur Adoption freigegeben. In den Heimen, in denen du gelebt hast, hat man dich als schweigsames, verschlossenes und unauffälliges Kind bezeichnet. Aber der erste Versuch mit Pflegeeltern ging schief. Warum?"

„Er . . ."

„Laß mich erzählen!" unterbricht Andy. „Ich glaube, sie hatten sich das nicht richtig vorgestellt, ich meine, das Leben mit mir. Und ich hatte mir auch was anderes vorgestellt. Ich dachte, nun käme ich in die Freiheit und . . . und die müßten mich ganz irrsinnig gern haben, und wir würden eine Menge Spaß miteinander haben und so. Aber sie waren fast noch strenger als die im Heim, man durfte nichts anfassen und nichts unordentlich machen. Der Garten war nur zum Anschauen da, nicht zum Toben und Spielen. Ich sollte immer nur in allem gut sein und brav und fleißig und so. Da habe ich eines Tages einen Wutanfall gekriegt und all ihre Gartenzwerge zerschlagen. Na, danach war natürlich Sense, das können Sie sich ja denken."

„Das kann ich." Herr Seemann lächelt und greift nach dem zweiten Kuchenstück. „Und warum bist du dann aus dem nächsten Heim ausgerissen?"

Mein Gott, das haben sie ihn doch schon hundertmal gefragt! denkt Joy ärgerlich. Muß er das immer wieder herbeten? Aber Andy ist nicht im mindesten irritiert. Dies ist nun mal seine Lebensgeschichte, und er erzählt sie eigentlich ganz gern.

„Das war wegen der Jungen", berichtet er fröhlich. „Sie waren so brutal und ließen mich einfach nicht in Ruhe. Da bin ich abgehauen. Ich sagte mir, egal was kommt, schlimmer als die kann es auf keinen Fall sein. Ich war der Kleinste und Schwächste dort."

„Verstehe. Und dann hat dich deine . . . deine Schwester Joy in der Scheune gefunden."

„Ja, Joy und dann noch ein paar von unseren Freunden. Sie haben mir ein Versteck eingerichtet und für mich gesorgt. So lange, bis ich krank wurde, dann flog die ganze Geschichte auf, und ich mußte zurück ins Heim. Aber sie haben nicht lockergelassen, die ganze Schule hat protestiert."

„Das ganze Internat Margaretenburg? Auch die Lehrer?" fragt Herr Seemann.

„Nein, nur die Schüler", berichtet Andy weiter. „Sie haben einen Protestmarsch veranstaltet und verlangt, daß ich zurückkomme. Beinah wäre das alles schiefgegangen, aber da haben Mami und Pop eingegriffen und erklärt, daß sie mich nehmen wollen. Mann, ich kann Ihnen sagen, das war der beste Tag in meinem Leben!"

Herr Seemann lacht.

„Das kann ich mir vorstellen. Aber was du mir noch erklären mußt – findest du es nicht auch erstaunlich, daß du aus dem Heim davongelaufen bist, nur um wieder in so einer Art Heim, nämlich im Internat, zu landen?“

„Nun, ich glaube, er ...“

Andy schaut Mami beschwörend an. Laß mich erzählen, sagt sein Blick. Du bist viel zu nervös, man spürt, daß du Angst hast! Warum eigentlich? Glaubst du, sie nehmen mich dir weg? Weil du berufstätig bist, und ich mit Joy im Internat bin? Schau ihn dir doch an, wie er glücklich seinen Kaffee schlürft und sich wohl fühlt bei uns. Der tut uns nichts, sicher nicht!

„Das ist ganz etwas anderes, Herr Seemann“, sagt Andy und gibt sich so männlich überlegen wie nur möglich. „Kennen Sie das Internat Margaretenburg? Ich kann Ihnen sagen, es ist Spitze! Sie sollten mal hinkommen! Das Haus ist wie ein großes U gebaut, ein altes Schloß, Barockzeit, alles in Rosa und Weiß. In der Mitte sind die Klassenräume, die Aula und der Speisesaal, außerdem die Verwaltung, Krankenstation und so. Der rechte Flügel gehört den Jungen und der linke den Mädchen. Wußten Sie, daß wir da in Familien zusammenleben?“

„Nein. Erklär es mir.“

„Alle Jungen aus einer Klasse und alle Mädchen aus einer Klasse bilden je eine Familie. Die Mädchen haben eine Familienmutter und die Jungen einen Familienvater. Wir haben eine Wohnung für uns, mit Schlafzimmern, einem Gemeinschaftsraum, Duschräumen und einer kleinen Küche, und ...“

„Und du verstehst dich gut mit deinem Familienvater?“

„Super. Wir nennen ihn den Wikinger, weil er so ähnlich aussieht wie Kirk Douglas. In Wirklichkeit heißt er Bolko Hansen.“

„Ja, hm. Da wäre noch eins, was mich interessiert, Andy. Wie ist es mit der Schule? Du hattest doch enorm viel nachzuholen, nicht wahr?“

„Stimmt. Ich bin eine Klasse zurückgegangen. Und ich habe eine ganze Menge Nachhilfeunterricht. Bis auf Englisch bin ich jetzt in allem ganz gut. Aber Englisch schaffe ich auch noch.

Mami und Pop sagen, es ist egal, wie lange es dauert, Hauptsache, ich schaffe das Abitur so gut, daß ich dann studieren kann."

„Du sollst studieren?" Herr Seemann schaut erstaunt und zweifelnd auf Mami.

„Ich *will* studieren", sagt Andy schnell, ehe Mami etwas sagen kann. „Zoologie. Vielleicht werde ich Verhaltensforscher. Jedenfalls mache ich im nächsten Jahr mit bei *Jugend forscht* mit einer Arbeit über Spinnen."

„Bei *Jugend forscht?*" fragt Herr Seemann überrascht.

„Wußten Sie das nicht?" mischt sich jetzt Joy ins Gespräch. „Andy ist der Leiter unseres Schulzoos! Er hat ihn selber aufgebaut, mit Hilfe unseres Biolehrers. Ganz Margaretenburg ist stolz auf Andy!"

„Schön!" sagt Herr Seemann.

Mamis Gesicht hat sich entspannt. Andy ist Herr der Lage, kein Grund, sich länger aufzuregen.

„Wenn ich mir deinen Lebenslauf so ansehe . . ." Herr Seemann blickt in seine Notizen. „Da warst du also ein heimliches Wunderkind?"

„Quatsch!" sagt Andy. „Es ist nur so, daß sie mich in Margaretenburg machen lassen, was ich am besten kann. Ich hatte die Idee, na ja, ich spinn vielleicht echt auf Tiere, ich habe das vorgeschlagen und erklärt, wie ich mir das denke, und die anderen haben mitgemacht. Wissen Sie, Herr Seemann", Andy reckt sich noch ein bißchen mehr auf und schaut den Mann vom Jugendamt freundlich-überlegen an. „Ich sehe das so: Früher hatte ich keine Familie – und jetzt habe ich zwei. Eine kleine Familie hier, meine Eltern und meine Schwester. Und eine große Familie in Margaretenburg, meine Freunde, den Wikinger, Herrn Traube, meinen Biolehrer. Und die Tiere natürlich."

„Erstaunlich", murmelt Herr Seemann. „Das klingt ja richtig gut."

Mami schenkt Cognac ein und reicht ihm das Glas hinüber. Hoffentlich kommt er nicht auf die Idee zu sagen: „alles ein bißchen zu schön, um wahr zu sein", denkt sie. Wieviel Rückschläge Andy im ersten Jahr erlitten hat, wie hart er gearbeitet hat, davon spricht keiner mehr.

Aber Herr Seemann traut weniger seinen Ohren als seinen Augen. Und die sagen ihm, daß dieser Andy Havemann da vor ihm einen rundum glücklichen Eindruck macht. Er ist ruhig und ausgeglichen und dabei voller Leben.

„Ein schöner, ein erfreulicher Nachmittag für mich", sagt Herr Seemann und hebt sein Glas. „Ich möchte Ihnen sehr herz-

„Ich wünsche Ihnen allen Glück!" sagt Herr Seemann

lich danken. Ich werde dafür sorgen, daß die Adoption so schnell und reibungslos über die Bühne geht wie möglich. Und ich wünsche Ihnen allen von Herzen Glück!"

Amen, wäre es Joy um ein Haar herausgefahren; sie schluckt es gerade noch hinunter. Zum Ausgleich dafür kneift sie Andy heftig in den Arm. Andy beißt die Zähne zusammen, um nicht vor Freude laut loszubrüllen.

Pepsi hat Probleme

„Was ist los? Warum machst du so ein Gesicht? Hat er dich gefeuert?" fragt Florian seine Mutter, als sie die Treppe zu ihrer Wohnung hinaufgehen.

„Unsinn!" sagt Pepsi. „Warum sollte Allah mich feuern. Es ... es gibt eine Veränderung bei uns oben. Darüber denke ich nach."

„Was für eine Veränderung?"

„Ein Mädchen kommt nicht zurück, dafür kommt ein anderes."

„Das ist doch nichts Besonderes. Oder bist du traurig wegen des Mädchens, das nicht zurückkommt? Wer ist es denn?"

„Verena."

„Ach die. Die war doch sowieso 'ne Flasche. Mit ihrem Schmink- und Frisurenfimmel. Der würde ich an deiner Stelle nicht nachtrauern."

„Es geht nicht um Verena. Ich mache mir wegen des neuen Mädchens Gedanken."

„Ist sie so schlimm?"

„Nein, natürlich nicht", wehrt Pepsi ab. „Sie ..."

Pepsi fährt sich mit den gespreizten Fingern der linken Hand nervös durch den dichten, kurzen Lockenschopf, der an einen frisch getrimmten Pudel erinnert. Das tut sie immer, wenn sie nicht weiterweiß.

„Wenn du dir schon jetzt die Haare ausraufst, muß sie ganz schlimm sein", stellt Florian mit der Weisheit seiner neun Jahre fachmännisch fest.

„Unsinn!" sagt Pepsi ärgerlich. „Es ist nur ein für mich neues Problem, weißt du . . . ich habe noch keine Erfahrung mit . . . mit Behinderten."

„Sie ist behindert?" Florian bleibt abrupt auf der Treppe stehen und starrt seine Mutter an. Dann breitet sich das gewohnte Lausbubenlächeln über sein sommersprossiges Gesicht, und er hängt sich kameradschaftlich bei Pepsi ein. „Das schaffst du doch mit der linken Hand, Mutti. Lässig!"

Pepsi drückt ihren Sohn lächelnd an sich.

„Du kannst mir dabei helfen", sagt sie. „Es wird alles darauf ankommen, daß wir das Mädchen ganz normal behandeln, so wie jede andere auch, verstehst du. Sie soll nicht das Gefühl haben, ein Außenseiter zu sein, sondern merken, daß sie zu unserer Familie gehört."

„Logisch. Also darf ich sie genauso ärgern wie die anderen."

„Na, für die ersten drei Monate solltest du ihr erst mal eine Schonzeit einräumen, mein Sohn, was das Ärgern betrifft."

„Wieso ist Allah auf die Idee gekommen, ein behindertes Mädchen in Margaretenburg aufzunehmen?" erkundigt sich Florian, um einen möglichst erwachsenen Tonfall bemüht, denn er will sie den Ausrutscher mit dem Ärgern schnell vergessen lassen.

„Ich weiß es nicht. Vermutlich ganz einfach, weil die Eltern dieser Angelika Sander ihn darum gebeten haben. Sie soll sehr intelligent sein."

„Ach so. Ich dachte, es wäre eine mit einem kleinen Dachschaden", meint Florian erleichtert. „Also ist sie ein Krüppel?"

„Ja, ein Krüppel."

Florian spürt den Vorwurf in der Stimme seiner Mutter. Schnell schiebt er sich an ihr vorbei und öffnet die Wohnungstür.

Diese Stunden, bevor die Mädchen ankommen und Pepsi wieder ganz für sich in Anspruch nehmen – sie ist die beliebteste Familienmutter im Landschulheim Margaretenburg, und die Mädchen hängen wie Kletten an ihr –, diese Stunden sind die schönsten für Florian. Sie sind allein in der Wohnung, Pepsi kocht etwas besonders Gutes zum Mittagessen, und sie halten ein richtiges Festmahl, mit Blumen und Kerzen auf dem Tisch. Sie spielen ihre Lieblingskassetten, immer abwechselnd, mal Popmusik oder Tom Sawyer, mal „Play Bach" oder spanische Gitarrenmusik, und dann beginnen sie, die Zimmer der Mädchen für den Empfang vorzubereiten. Jedesmal denken sie sich etwas Neues aus, backen Plätzchen oder kleine Kuchen, machen Blumensträuße aus Bonbons oder schreiben lustige Briefe, die sie um Schokoladenriegel wickeln und mit Mauseohren und einem Schwanz aus Wollfäden versehen. Dann bekommt jedes Zimmer einen Blumenstrauß auf den Tisch und einen Plan, der all das enthält, was Pepsi sich für die kommenden Wochen ausgedacht hat. Kinobesuche, Diskussionsabende, Vorlesestunden und manchmal ein Theater- oder Konzertbesuch.

Heute ist Pepsi nicht ganz bei der Sache. Florian spürt das, auch wenn sich seine Mutter äußerlich so munter und unternehmungslustig zeigt wie gewohnt. Der Gedanke an die Neue läßt sie nicht los.

Allah – Direktor Alfred Lahrner – der Leiter des Landschulheims Margaretenburg – ist fest davon überzeugt, daß es nur eine Erzieherin gibt, die imstande ist, dieses schwierige Problem zu lösen: Frau Kolar, von den Mädchen zärtlich Pepsi genannt. Ihre Erfolge mit „schwierigen Fällen" beweisen es. Außerdem besitzt sie eine Mischung aus temperamentvoller Lebensfreude,

Geduld und Einfühlungsvermögen, die ihm für einen solchen Fall ideal erscheint.

Pepsi weiß es, er hat es ihr lang und breit erklärt. Aber wird sie es schaffen? Wird es ihr gelingen, ihre Mädchen mit dem Gedanken zu befreunden, sich ständig um eine behinderte Mitschülerin kümmern zu müssen, Rücksicht zu nehmen, ohne herablassend oder übertrieben mitleidig zu sein? Wenn diese Angelika nun häßlich, körperlich abstoßend ist – wird sie es fertigbringen, die Mauer aus Vorurteilen und Ablehnung der Mädchen einzureißen?

„Hoffentlich kommt sie ein bißchen später, damit ich vorher mit ihnen reden kann", murmelt Pepsi, während sie Verenas zurückgelassene Schulbücher aus dem Schubfach räumt.

Aber ihr Wunsch erfüllt sich nicht. Sie ist gerade mit den Zimmern der Mädchen fertig und will in den Gemeinschaftsraum hinübergehen, da klopft es an die Tür. Allah steckt vorsichtig den Kopf durch den Türspalt und zwinkert ihr beschwörend zu.

„Frau Kolar? Hier bringe ich Ihnen Ihren neuen Schützling. Herr und Frau Sander haben ihre Tochter ein bißchen früher hergefahren, damit Sie sie in Ruhe kennenlernen können, bevor der große Trubel losbricht. Dürfen wir reinkommen?"

„Aber natürlich! Bitte – kommen Sie doch herein!" sagt Pepsi lebhaft. Nur sie selber merkt, wie verkrampft ihre Herzlichkeit ist. Das Lampenfieber vor dieser Begegnung legt sich ihr wie ein Bleigewicht auf den Magen.

Herr Sander ist ein großer, gutaussehender Mann, nur die scharfen Falten um seinen Mund verraten, daß es da etwas in seinem Leben gibt, das ihn quält und beunruhigt. Er gibt sich freundlich-überlegen, vermutlich ist er Boß eines größeren Unternehmens, er schiebt sich an Allah vorbei und streckt Pepsi die Hand hin. Dabei sieht er sie so durchdringend an, als wolle er ihre Gedanken röntgen, um sie auf Schatten und dunkle

Flecken hin zu untersuchen.

Allah macht sie miteinander bekannt und sagt ein paar verbindliche Worte. Pepsi nickt und weist stumm zum Gemeinschaftsraum hinüber, sie hat sich schon lange nicht mehr so verwirrt und hilflos gefühlt.

Im Türrahmen steht Frau Sander, als wolle sie ihre Tochter noch für einen Augenblick verstecken. Frau Sander ist älter als ihr Mann. Sie muß einmal sehr schön gewesen sein, als ihr Gesicht weniger hart und weniger mager war, sie hat herrliche blauschwarze Haare und auffallend helle blaugraue Augen, die Augenbrauen darüber sind bleistiftstrichdünn. Frau Sander ist genauso nervös wie Pepsi.

„Herzlich willkommen", sagt Pepsi. „Bitte, gehen wir in den Gemeinschaftsraum, da können wir uns in Ruhe unterhalten."

Frau Sander gibt zögernd die Tür frei. Es ist, als überlege sie, ob sie sich nicht doch noch anders entscheiden, die Flucht ergreifen, wieder nach Hause fahren solle. Die Idee, ihre Tochter in ein Landschulheim zu geben, ist bestimmt nicht von ihr ausgegangen.

Angelika hält den Kopf gesenkt. Ihre Arme umklammern die Krücken, das Treppensteigen ist ihr schwergefallen, aber sie hat sich nicht helfen lassen wollen. Der unförmige Körper hängt schwer zwischen den beiden hölzernen Stützen, darunter baumeln wie die Glieder einer Marionette erschreckend dünne Beine, die in klobigen Schuhen stecken. Der Kopf ist zu groß für den Körper, die dunkelbraunen Haare sind zu zwei festen Zöpfen geflochten. Die Haut des Mädchens hat einen gelblichen Schimmer, wie bei Menschen, die selten an die frische Luft kommen, und um den Mund haben sich ein paar scharfe Falten eingegraben.

Nein! denkt Pepsi. Nein! Warum gerade ich? Das kann ich nicht – ich bin nicht darauf vorbereitet, ich habe keine Erfahrung, wie man mit diesem Mädchen umgehen muß! Aber im gleichen Augenblick sagt sie: „Herzlich willkommen, Angelika! Ich hoffe, wir werden gute Freunde werden!“ Und es klingt ehrlich und warm.

Angelika schaut auf. Und nun sieht Pepsi, daß sie die Augen der Mutter hat, sehr schöne Augen von einem hellen Blau.

„Tag!“ sagt Angelika. Sie löst die rechte Hand von der Krücke und streckt sie Pepsi hin, wobei sie sich mit Oberarm und Achsel an die Stütze klammert. „Wird schon schiefgehn, oder?“ Ihre Stimme hat einen überraschend natürlichen, frischen Klang.

„Klar!“ Pepsi lächelt. „Wir sind hier ein ganz ulkiger Verein, man kann mit uns auskommen. Willst du dich zu uns setzen, oder möchtest du erst mal dein Zimmer sehen?“

„Als erstes möchte ich sehen, wo ich hause, und dann muß ich dringend mal wohin“, sagt Angelika lachend. „Meine Lebensgeschichte muß ich mir ja nicht mit anhören, ich kann sie sowieso auswendig.“

„Okay, dann komm. Hier geht's lang.“

Pepsi öffnet die Tür zu dem Zimmer, das bisher von Joy, Hexi, Sabine und Verena bewohnt wurde. Sie zwingt sich, nicht auf die schwerfälligen Bewegungen zu sehen, mit denen Angelika ihre Beine vorwärtsschleift. Als das Mädchen auf der Schwelle mit dem linken Fuß hängenbleibt, will sie ihr zu Hilfe kommen, aber im letzten Moment unterdrückt sie den Impuls. Angelika muß lernen, hier allein zurechtzukommen, wenn das Experiment überhaupt einen Sinn haben soll.

Angelika nimmt das Hindernis mit der größten Selbstverständlichkeit, sie packt ihr linkes Bein mit beiden Händen und hebt es über die Schwelle. Dabei schaut sie kaum hin, ihr Blick wandert hellwach durch den Raum und nimmt jede Einzelheit auf.

„Klasse! Richtige Kojen wie auf einem Schiff! So gemütlich habe ich es mir gar nicht vorgestellt! Und die tollen Blumen!

Haben Sie die extra für uns gepflückt? Mein Bett ist das dort drüben, nicht wahr? Über dem keine Bilder und Poster hängen."

„Richtig. Übrigens kannst du ruhig du zu mir sagen und Pepsi. So reden mich nämlich die anderen an. Jetzt zeige ich dir den Duschraum und die Toiletten, dann kannst du dich in Ruhe hier einrichten. Dein Gepäck ist noch unten?" fragt Pepsi und überlegt, ob Angelika Hilfe braucht, wenn sie aufs Klo geht.

„Sie brauchen mir nur zu zeigen, wo's ist", sagt Angelika, als hätte sie Pepsis Gedanken erraten. „Mein Vater soll das Gepäck raufbringen, mit allem anderen komme ich schon zurecht."

„Fein. Siehst du die beiden Türen hinten links im Gang? Da hinten ist es. Übrigens kannst du dich ungeniert in allen Zimmern umschauen. Schließlich bist du jetzt hier zu Hause und mußt alles kennenlernen. Die Tür mit dem großen Warnschild dort hinten führt übrigens zum Zimmer meines Sohnes. Er heißt Florian und ist neun Jahre alt."

„Du bist verheiratet?"

„Geschieden."

„Oh – das tut mir leid."

„Warum?" Pepsi lacht, die Spannung ist allmählich gewichen. „Das ist schon lange her. Ich habe es überwunden. Ich finde es prima, wenn du mich alles fragst, was du wissen willst. Auf die Weise wirst du dich am schnellsten einleben. So, jetzt muß ich mich aber um deine Eltern kümmern. Alles klar?"

„Alles klar."

Im Gemeinschaftsraum scheint kein rechtes Gespräch in Gang gekommen zu sein, Herr und Frau Sander wirken bedrückt.

Wahrscheinlich ist ihnen in diesem Moment erst bewußt geworden, was sie sich da vorgenommen haben.

„Glauben Sie, sie wird hier zurechtkommen?" bestürmt Frau

Sander Pepsi, als sie das Zimmer betritt.

„Wenn Angelika auf eigenen Wunsch hierhergekommen ist, wird sie auch zurechtkommen, da bin ich sicher“, sagt Pepsi mit Nachdruck, so als müsse sie sich selber davon überzeugen. „Sie macht mir den Eindruck, als strebe sie größte Selbständigkeit an.“

„Das ist richtig“, sagt Herr Sander. „Es war ihr sehnlichster Wunsch, unter ganz normalen Gleichaltrigen zu leben – und weit weg von uns“, fügt er mit einem wehmütigen Lächeln hinzu. „Sie glaubt, wir seien ein Teil ihrer Behinderung, weil wir sie zu sehr behütet und umsorgt haben.“

„Ich weiß natürlich so gut wie nichts über Ihre Tochter“, antwortet Pepsi liebenswürdig, „aber meinen Sie nicht, Herr Sander, daß diese Auflehnung eine ganz natürliche Phase der Pubertät ist? Jedes normale Kind in dem Alter beginnt, sich vom Elternhaus zu lösen und seine eigenen Wege zu gehen. Es wäre in meinen Augen ein schlechtes Zeichen, wenn Angelika das nicht täte.“

„Vielleicht haben Sie recht.“

Frau Sander ist blaß, und Pepsi spürt, wieviel Kraft es sie kostet, diesen Schritt zu tun. Sicher war die Fürsorge für Angelika bis jetzt ihr ganzer Lebensinhalt.

„Ich finde es mutig und gut, daß Sie Angelika diese Chance geben, und ich werde alles tun, was in meinen Kräften steht, um ihren Aufenthalt in Margaretenburg zu einem Erfolg werden zu lassen. Machen Sie sich bitte keine Sorgen“, sagt Pepsi herzlich.

„Vor allem achten Sie darauf, daß sie sich nicht zuviel zumutet!“ Frau Sander hebt die Hand, als wolle sie Pepsi beschwörend am Arm nehmen, zieht sie aber scheu wieder zurück. „Sie ist zu ehrgeizig – sie will alles mit Gewalt erreichen!“

„Ich werde darauf achten. Leidet sie unter besonderen Beschwerden?“

„Nur unter Kopf- und Rückenschmerzen, wenn sie sich überanstrengt hat. Sonst ist sie erstaunlich kräftig", antwortet Herr Sander.

Im Flur nähern sich schleifende Schritte. Das Gespräch verstummt, sie schauen zur Tür wie Kinder, die man beim Naschen ertappt hat – dabei ist doch gar nichts geschehen.

Angelika kommt herein, jetzt weiß sie schon, daß alle Türen hier eine Schwelle haben und hebt automatisch ihr linkes Bein hinüber.

„Na? Haben sie dir meine Krankheitsgeschichte in allen Farben geschildert?" fragt sie Pepsi ironisch. „Und dich ermahnt, schön auf mich aufzupassen?"

„Wozu?" sagt Pepsi lächelnd. „Für uns zählt doch nur, daß du jetzt gesund bist. Gesund genug, um hier mit uns zu leben. Übrigens – wie wäre es mit einer Tasse Tee? Er ist in fünf Minuten fertig. Willst du mir helfen, Angelika?"

„Na, logisch. Irgendwas wird's schon für mich zu tun geben."

Herr und Frau Sander sehen sich an.

„Ich habe es Ihnen vorhergesagt", brummt Allah. „Frau Kolar ist genau die richtige Betreuerin für Ihre Tochter."

Als sie beim Tee sitzen, rollen die ersten Wagen in die Einfahrt. Margaretenburg erwacht zu neuem Leben. In der Halle fallen sie sich mit großem Hallo in die Arme oder hauen sich auf die Schulter, je nach Temperament. Wie immer werden Koffer und Taschen durch die Gegend gefeuert, als wolle man sie auf ihre äußerste Strapazierfähigkeit hin prüfen, wie immer überschreit einer den anderen, um seine Ferienerlebnisse so schnell wie möglich loszuwerden. Indianergeheul mischt sich mit schrillen Pfiffen, eine Gruppe, die zusammen im selben Auto angereist ist, schmettert den neuesten Hit. Das Wespennest zeigt sich in Hochform, zumindest was den Geräuschpegel anbetrifft.

Bruni und Katrin sind die ersten aus Pepsis Familie, die die Wohnung im zweiten Stock des Mädchenflügels betreten. Sie

„Willst du mir helfen, Angelika?“ fragt Pepsi lächelnd

stürmen in ihr Zimmer, schleudern ihr Gepäck auf die Betten und schreien lauthals nach Pepsi. Bruni steckt den Kopf kurz in sämtliche Zimmer, ehe sie zum Gemeinschaftsraum kommt.

„Was ist denn los in diesem müden Verein! Noch keiner da? Warum gibt's keine Musik zur Begrüßung, ist jemand gestorben?"

Übermütig reißt sie die Tür auf und erstarrt, als sie die Gesellschaft am Tisch sieht.

„Verdammt ... eh, Verzeihung, ich wußte nicht, daß du Besuch hast, Pepsi. Ich wollte nur sagen, daß ich da bin."

Bruni tritt den Rückzug an, aber Pepsi hält sie auf.

„He, wo willst du hin, komm rein und stell dich vor! Wir haben ein neues Familienmitglied. Ist außer dir noch jemand gekommen?"

„Katrin."

„Dann hol sie her."

Das ist gar nicht nötig, denn Katrin steht bereits hinter Bruni und reckt neugierig den Hals.

„Darf ich euch bekannt machen? Das ist Angelika Sander, sie zieht anstelle von Verena bei uns ein. Verena hat uns verlassen, sie wird in Zukunft bei ihrer Mutter bleiben. Und das, Angelika, sind Bruni und Katrin. Angelikas Eltern ... Herr Sander ... und Frau Sander ... und diesen Herrn hier dürftet ihr in vierzehn Ferientagen ja kaum vergessen haben", sagt Pepsi munter, als die Mädchen mit ihrer Begrüßungstour bei Allah angelangt sind. „Wenn ihr mögt, holt euch Tassen und trinkt einen Tee mit uns. Aber vielleicht möchtet ihr lieber erst auspacken ..."

Sie will ihnen Zeit geben, den Schock zu verdauen. Die beiden Mädchen haben wohlerzogen und ein wenig steif alle Anwesenden begrüßt, aber Pepsi ist das Entsetzen in ihren Augen nicht entgangen. Dabei haben sie von Angelika noch nicht viel gesehen, den Kopf, die Arme, den buckligen Rücken und den vorgewölbten Brustkorb. In Angelikas Gesicht mischen sich Angst, Unsicherheit und Trotz. Und Pepsi weiß in diesem Augenblick, daß sie Schwierigkeiten nicht nur von seiten der Mädchen, sondern auch von Angelika zu erwarten hat, die bisher gewohnt war, wo immer sie hinkam, eine Sonderrolle zu spielen.

„Wir wollen erst mal auspacken", sagt Katrin etwas geziert, „damit die anderen Platz haben, wenn sie kommen. Dann sind unsere Koffer schon aus dem Weg."

Sie machen sich aus dem Staub, als fürchteten sie, hier festgenagelt zu werden. Auf dem Flur hört man sie tuscheln.

„Ja, ich werde dann auch mal Angelikas Gepäck heraufholen, damit sie auspacken kann", sagt Herr Sander und erhebt sich.

„Bist du schon mal in eine öffentliche Schule gegangen?" erkundigt sich Pepsi, als er draußen ist.

„Nein. Es ging nicht, weil ich immer wieder ins Krankenhaus mußte zur Behandlung. Eine Zeitlang war ich tagsüber in einem Behindertenheim, aber das hat mir nicht gefallen. Deshalb habe ich meistens Privatunterricht gehabt."

„Angelika hat eine ganze Reihe von Operationen hinter sich, die ihren Zustand bessern sollten", erzählt Frau Sander. „Leider mit geringem Erfolg, aber man versucht natürlich alles. Die vielen Monate Krankenhausaufenthalt hätten ein Mitkommen in der Schule unmöglich gemacht."

„Na, immerhin bin ich früher nur im Rollstuhl gefahren, und jetzt laufe ich, Mama", sagt Angelika ruhig. „Ihr werdet euch wundern, was ich alles zustande bringe, wenn ihr mich laßt."

„Das glaube ich dir aufs Wort. Aber du wirst neben deinem festen Willen, es zu schaffen, auch sehr, sehr viel Geduld brauchen – und manches einstecken müssen", meint Pepsi. „Bist du dir darüber im klaren?"

„Ich bin eine Behinderte", sagt Angelika gleichmütig. „Da ist man drauf trainiert, dauernd was einzustecken."

Andy und Angelika

Joy und Hexi kommen zwei Stunden später gleichzeitig an. Auf dem Parkplatz fallen sie sich lachend in die Arme, als hätten sie sich zehn Jahre lang nicht gesehen. Andy hat Mike entdeckt und schießt gleich ein Dutzend Fragen auf einmal ab, die sich alle auf seinen Zoo beziehen. Aber Mike ist noch nicht drüben im Kutscherhaus gewesen. So bekommt Pop, der sie hergefahren hat, den Auftrag, Andys Gepäck in die Wohnung hinaufzubringen und dem Wikinger seine Ankunft anzukündigen. Andy selbst schnürt in Richtung Kutscherhaus davon, denn er hält es keine Minute länger aus, von seinen Tieren getrennt zu sein.

Zu dritt gehen sie aufs Portal zu, Joy, Hexi und Pop, mit Taschen, Netzen und Koffern beladen, als kämen sie von einer Weltreise zurück. Unglaublich, was so alles unentbehrlich ist und auf jeder Fahrt nach Hause und wieder zurück ins Landschulheim hin- und hergeschleppt werden muß.

„Wann kommt denn nun dein Bruder nach Margaretenburg?" erkundigt sich Joy.

„Wenn er – Gott sei's getrommelt und gepfiffen – diesmal versetzt wird, im Herbst", berichtet Hexi lachend. „Aber ich denke, er wird's schaffen. Er ist wirklich nicht blöd, weißt du, aber er arbeitet einfach nicht. Er hat nur Musik im Kopf und sonst nichts."

„Kann ich überhaupt nicht verstehen!" Joy grinst von einem Ohr zum anderen.

Auf der Treppe begegnet ihnen Pepsi. Mit großem Hallo fallen sie sich um den Hals.

„Ich habe euch vom Fenster aus gesehen", sagt Pepsi und wird plötzlich ernst. „Ich wollte euch sprechen, bevor ihr raufkommt."

„Ist etwas passiert?" fragt Joy erschrocken.

„Nicht direkt ... eine kleine Veränderung. Verena kommt nicht zurück, und an ihrer Stelle habt ihr jetzt eine neue Zimmergenossin."

„Verena kommt nicht wieder?"

„Ihre Eltern haben sich getrennt, sie lebt jetzt ganz bei ihrer Mutter. Und der wird das Geld fürs Internat wohl zuviel."

„Arme Verena. Sie war so gern hier. Na ja, da kann man nichts machen. Wenn die Neue in Ordnung ist ..."

„Sie ... ist nicht ‚in Ordnung', wie du es nennst", sagt Pepsi zögernd, „ich meine ... natürlich ist sie sicher ein prima Kerl, aber ... der Grund, warum ich euch vorher sprechen wollte, ist, daß diese Angelika für euch eine Umstellung bedeuten wird und vermutlich einiges an Toleranz und gutem Willen von eurer Seite erfordert. Sie ist nämlich behindert. Ihr Rückgrat ist stark verkrüppelt und die Beine so unterentwickelt, daß sie sie kaum benutzen kann. Sie geht an zwei Krücken. Das ... das war es, was ich euch sagen wollte, damit ihr nicht gleich geschockt seid, wenn ihr in euer Zimmer raufkommt."

„Ist Sabine schon da?" erkundigt sich Hexi. Sie ist blaß geworden und hat Mühe, die Nachricht zu verdauen.

„Noch nicht, ich muß sehen, daß ich sie auch vorher abfange und einweihe. Hört zu: Es wird alles darauf ankommen, daß ihr Angelika behandelt wie ein ganz normales Mädchen. Das wird gar nicht so schwer sein. Sie ist intelligent, hat den festen Willen, allein zurechtzukommen und ist überhaupt nicht wehleidig. Also, kein übertriebenes Mitleid, keine übertriebene Fürsorge. Wenn sie eure Hilfe braucht, wird sie es euch schon sagen. Aber sie wird es bestimmt nicht leicht haben, denn sie war noch nie in einer öffentlichen Schule und bisher immer nur mit Betreuern, Privatlehrern, Ärzten und Krankenschwestern zusammen – das heißt, nur mit Erwachsenen. Sie kennt das Leben in einer Gruppe von Gleichaltrigen noch nicht und wird sicher öfter anecken. Werdet ihr mir helfen, sie in unsere Familie einzugliedern?"

„Klar, Pepsi. Ist doch logisch!"

Joys Stimme klingt nicht sehr überzeugt. Vorerst hat sie Angst vor der Neuen. Behinderte sind ihr schon immer unheimlich gewesen. Und mit so einem Mädchen sollen sie jetzt das Zimmer teilen? Warum konnte es nicht die anderen treffen? Bruni, Katrin und Helga würden mit ihr bestimmt viel leichter fertig werden! Warum gerade sie?

Schweigend steigen sie die Treppe zu ihrer Wohnung hinauf. Vor der Wohnungstür zögern sie, als wollten sie am liebsten umkehren.

„Schöne Scheiße", murmelt Hexi. „Ich meine, versteh mich nicht falsch, sicher ist sie ein ganz lieber Kerl. Aber es wird nie mehr so sein wie früher. Und das macht einen irgendwie traurig, nicht wahr?"

„Hm", macht Joy. Ihre Kehle ist wie zugeschnürt.

„Na komm, bringen wir's hinter uns. Wir können ja nicht ewig hier draußen rumstehen."

Als sie ins Zimmer kommen, liegt Angelika auf dem Bett und liest. Sie richtet sich sofort auf, nimmt erst das rechte, dann das linke Bein in die Hände und schiebt sie über die Bettkante, bis sie über dem Boden baumeln. Dann greift sie nach ihren Krücken und stellt sich schweratmend auf. Hexi und Joy stehen wie angenagelt in der Tür und starren wortlos auf dieses Schauspiel. Sie haben sich vorgenommen, unbefangen auf das neue Mädchen zuzugehen und sie zu begrüßen, aber der Anblick dieses unförmigen Gebildes mit den dünnen, kurzen Beinen und dem tief zwischen den Schultern steckenden Kopf hat ihnen die Sprache verschlagen.

Es würde sie nicht wundern, wenn dieses Wesen jetzt in einer unverständlichen Sprache auf sie einzureden begänne.

Das alles dauert nur Sekunden, es huscht vorüber wie ein beklemmender Traum. Dann haben sie sich wieder in der Gewalt.

„Guten Tag!“ sagt Hexi und streckt Angelika die Hand hin. „Ich bin Hexi. Und du bist Angelika, nicht wahr?“

„Anzunehmen. Ich hoffe, ihr seid nicht sauer, daß ich bei euch einquartiert worden bin. Und wie heißt du?“ Angelika streckt Joy die Hand entgegen.

„Joy.“

Sie zögert, einen winzigen Augenblick nur, in der Erwartung, Angelikas Hand müsse sich anders anfassen, feucht, kalt, unappetitlich. Aber dann überwindet sie ihren Abscheu und packt um so fester zu. Angelikas Hand ist warm, trocken und kräftig. Sie fühlt sich ganz normal an.

„Okay, Leute“, sagt Angelika, und man merkt, daß sie nicht oft Gelegenheit gehabt hat, sich so kumpelhaft-unkompliziert auszudrücken, es ist mehr, als habe sie es im Fernsehen beobachtet und versuche es nun nachzuspielen. „Ich weiß, daß ihr jetzt ein bißchen von den Socken seid, weil ihr nicht wißt, was ihr mit mir anfangen sollt. Also, damit das mal klar ist: Ihr braucht mir nicht zu helfen, ich komme ganz gut allein zurecht. Dauert nur alles ein bißchen länger. Auf der Treppe vor allem und unter der Dusche und so. Und wenn ich wirklich Hilfe brauche, dann schreie ich schon, keine Sorge. Mein Kopf ist in Ordnung, ich falle nicht in Ohnmacht, kriege keine Krämpfe, mache mir nicht in die Hosen, ihr braucht also nicht zu befürchten, daß da wer weiß was Furchtbares auf euch zukommt. Ich sehe nur aus wie eine verwachsene Kröte, und daran werdet ihr euch gewöhnen müssen. Alles klar?“

„Alles klar.“

Hexi und Joy lachen erleichtert.

„Und nun erzählt mir ein bißchen was, wenn ihr mögt“, sagt

Angelika und läßt sich wieder auf ihr Bett fallen. „Davon, wie es hier so ist, wie die Lehrer sind, und was man alles wissen muß."

„Da kommt Sabine!" ruft Joy, die im Vorübergehen einen Blick aus dem Fenster geworfen hat. „Das ist die vierte in unserem Bunde, weißt du. Sei nicht enttäuscht, wenn sie ein bißchen zurückhaltend ist, sie war mit Verena sehr befreundet und wird traurig sein, daß sie weg ist. Aber sie ist ein prima Kerl, ein mütterlicher Typ, die ganz gern kommandiert, aber wahnsinnig hilfsbereit ist. Wenn sie gleich bei dir Krankenschwester spielen will, dann nimm ihr das nicht übel."

„Ich sehe schon, ihr seid in Ordnung", sagt Angelika zufrieden. Wenn sie lächelt, schaut man nur auf ihre Augen und vergißt alles andere. „Und Pepsi auch und dieser Direktor."

„Allah, meinst du."

„Allah?"

„Ja, setzt sich zusammen aus ‚Al' von Alfred und ‚Lah' von Lahrner. ‚Allah ist groß!' heißt es bei uns, wenn was Außergewöhnliches passiert", erklärt Hexi.

„Von den Lehrern sind Herr Traube, der Biolehrer, und Rübezahl am nettesten. Rübezahl gibt Deutsch und Geschichte", berichtet Joy.

„Er heißt wirklich Rübezahl?"

„Nee, er sieht bloß so aus mit seinem schönen roten Bart. In Wirklichkeit heißt er Kestenberg . . ."

Als Pepsi mit Sabine das Zimmer betritt, überbieten sich Hexi und Joy in dramatischen und komischen Erzählungen aus dem Leben in Margaretenburg. Jetzt sind sie gerade bei Allahs Rückkehr aus dem Sanatorium. Angelika wirft sich vor Lachen auf dem Bett hin und her. So kommt es, daß Sabine nur halb so geschockt ist, wie die beiden anderen es vorhin waren, als sie das verkrüppelte Mädchen zum ersten Mal sieht. Pepsi geht leise wieder hinaus.

Es wäre zu schön, um wahr zu sein, denkt sie, wenn die vier sich auf Anhieb so gut verstünden. Aber noch sind sie nicht soweit, noch benehmen sie sich wie Schauspieler auf einer Bühne, die beweisen wollen, daß sie ihre Rollen gut studiert haben. Es ist ein bißchen zu viel Krampf in dem allen. Wie wird es weitergehen? Man kann nicht wochen- und monatelang dauernd eine Rolle spielen.

Als sie am nächsten Morgen zum Frühstück in den Speisesaal hinuntergehen, muß Angelika zum erstenmal beweisen, daß sie was einstecken kann; und auch Joy, Hexi und Sabine bekommen den ersten Vorgeschmack vom Zusammenleben mit einem behinderten Mädchen. Der Weg die Treppe hinunter scheint sich endlos in die Länge zu ziehen. Angelika will sich nicht helfen lassen und fordert die anderen auf, nur ruhig vorzulaufen, während sie sich von Stufe zu Stufe quält. Natürlich lehnen die drei es ab, die neue Mitschülerin allein zu lassen; sie versuchen, die Situation zu überspielen, indem sie sie schwatzend und lachend umkreisen und sich zwingen, nicht auf dieses zermürbende Schauspiel zu blicken. Aber es juckt sie in den Füßen, die Stufen hinunterzuspringen und draufloszurennen wie sonst.

„Sollen wir dich nicht einfach runtertragen?" wagt Joy vorzuschlagen, als sie bis zum ersten Stock gekommen sind.

„Ich will es allein schaffen", antwortet Angelika verbissen. „Ihr braucht wirklich nicht auf mich zu warten."

„Das könnte dir so passen!" sagt Sabine und lacht ein bißchen zu laut. „Wir gehören nun mal zusammen, und wir gehen auch gemeinsam zum Frühstück!"

An ihnen vorbei springen, hüpfen, rennen die Mädchen aus den anderen Familien. Und nicht eine, die nicht den Kopf wendet, kurz stehenbleibt und mit mehr oder weniger unverhohlenem Staunen auf Angelika starrt. Ein paar der Kleinen stecken tuschelnd die Köpfe zusammen. Die meisten laufen eilig weiter und man merkt ihnen an, wie froh sie sind, nichts mit diesem

Mädchen zu tun zu haben.

Natürlich kommen sie als letzte in den Speisesaal. Die Nachricht von der verkrüppelten Neuen hat längst die Runde gemacht. Jetzt ist es an den Jungen, die Hälse zu recken und tuschelnd die Köpfe zusammenzustecken. Ein paar stehen unter irgendeinem Vorwand auf, um an Angelikas Tisch vorbeigehen und sie aus der Nähe betrachten zu können.

„Idioten . . .“ murmelt Joy. „Am liebsten würde ich ihnen in ihre Visagen hauen!“

„Was hast du erwartet?“ sagt Angelika ruhig. „Ich bin das gewöhnt. Laß sie.“

„Ich finde es trotzdem nicht richtig“, regt sich Sabine auf. „Es gehört sich einfach nicht.“

„Für mich bist du ein ganz normaler Mensch mit einem nicht ganz normalen Körper“, mischt sich Hexi ins Gespräch. „Aber auf den Körper kommt es schließlich nicht an, oder? Was nützt dir der hübscheste Körper, wenn du einen miesen Charakter hast! Und nun gib mal die Semmeln rüber, sonst wandern wir mit leerem Magen in die Klasse. Wir sind spät dran.“

„Wenn ihr getan hättet, was ich euch gesagt habe und vorgelaufen wärt . . .“

„Hör auf. Morgen früh starten wir zehn Minuten früher, okay? Und damit ist das Thema ein für allemal erledigt.“

„Okay.“

Eine Weile essen sie schweigend. Joy beobachtet, welche Mühe es Angelika kostet, die Semmel auseinanderzuschneiden und sie mit Butter und Marmelade zu bestreichen. Ihre Arme und Hände sind kräftig, vermutlich sind die Muskeln durch den ständigen Gebrauch der Krücken gut trainiert. Und doch sieht alles, was sie tut, anders aus als bei anderen, übermäßig verkrampft und angestrengt. Joy muß an Hände denken, die sie einmal in einem Krimi im Fernsehen gesehen hat. Ein Mann hatte sich auf der Flucht vor der Polizei in einem Kanalisationsschacht versteckt und versuchte, durch einen Gully ins Freie zu gelangen. Man sah nur seine Finger, wie sie sich durch die Öffnungen des Gullys schoben und sich um das Eisen krampften.

Ich muß mich zwingen, nicht auf diese Dinge zu achten, denkt Joy. Ich werde ihr nur noch ins Gesicht schauen, in die Augen, und alles andere vergessen. Aber es ist wie ein Zwang. Angelikas Finger, Angelikas vorgewölbter Brustkorb, die gelbliche Haut schieben sich ihr auch dann ins Bewußtsein, wenn sie mit aller Kraft versucht, nicht hinzuschauen.

„Wer ist der Junge dahinten?" fragt Angelika plötzlich. „Am übernächsten Tisch, der mit den dunklen Locken?"

„Das ist Andy, mein Bruder. Warum?"

„Er ist der einzige, der nicht dauernd zu mir rüberstarrt."

„Typisch Andy", sagt Sabine. „Er ist ein prima Kerl. Laß dir von Joy erzählen, wie er ihr Bruder geworden ist. Das ist 'ne tolle Geschichte."

„Was ist mit ihm?"

„Na, jedenfalls ist er anders als alle anderen hier", mischt sich Bruni ins Gespräch. „Man kann ruhig sagen, er ist was Besonderes."

Als hätte Andy gehört, daß man von ihm spricht, steht er auf und kommt an den Tisch der Mädchen herüber.

„Tag!" sagt er und streckt Angelika die Hand hin. „Ich bin Andy. Und du?"

„Angelika. Angelika Sander. Ich bin mit deiner Schwester in einem Zimmer."

„Prima. Magst du Tiere?"

„Sehr. Allerdings habe ich noch nie eins gehabt. Meine Eltern sind nicht so dafür."

„Verstehe. Dann mußt du unbedingt in unseren Zoo kommen. Du wirst staunen, was wir alles haben. Ich zeig's dir, okay? Heute nachmittag in der Freistunde. Joy kann dich hinbringen, es ist gleich hinter dem Park."

„Magst du Tiere?" erkundigt sich Andy

„Prima!"

Angelika ist rot geworden vor Freude. Für Andy scheint ihr mißgestalteter Körper nicht zu existieren, jedenfalls nicht als etwas Ungewöhnliches. Er registriert es nicht anders, als er ihre Haarfarbe, die Farbe ihrer Augen oder den kleinen Leberfleck links von ihrer Nase registrieren würde.

„Also, bis heute nachmittag dann!"

Andy winkt ihr noch einmal zu und geht mit ein paar Jungen von seinem Tisch nach draußen.

„Ihr habt recht", sagt Angelika so leise, daß es die anderen kaum hören können. „Er ist wirklich was Besonderes."

Am Nachmittag bringt Joy Angelika ins Kutscherhaus hinüber. Sie hat ihr den Arm hingestreckt und ihr eine ihrer beiden Krücken abgenommen. Jetzt hängt das Mädchen wie ein Bleigewicht an ihrem Arm, und die beiden schieben sich Schritt für Schritt vorwärts. Joy muß bei diesem Schneckentempo achtgeben, daß sie nicht das Gleichgewicht verliert, sie hat sich das nicht so schwierig vorgestellt. Der Weg nimmt kein Ende, und sie ertappt sich bei dem Gedanken, wie einfach es wäre, wenn Angelika im Rollstuhl sitzen würde und sie einfach mit ihr drauflosfahren könnte.

Endlich ist das Kutscherhaus in Sicht. Florian und Andy sind dabei, den Schafstall auszumisten. Hinter dem Stall haben sie einen sorgfältig abgezirkelten Misthaufen angelegt, dessen rasch wachsender Umfang die Gärtnergruppe mit Wonne erfüllt, denn das haben sie bisher noch nicht gehabt: hausgemachten Stallmist für ihre Beete!

„Mach dich auf einiges gefaßt", sagt Joy. „Andys Zoo besteht keineswegs nur aus den Schafen, dem Esel Zeus, der Schweinedame Allah II. und Freedom, unserem Äffchen. In der Hauptsache hegt und pflegt er Spinnen, Mäuse, Ratten, Kröten und solche Viecher. Und wehe, du findest sie nicht schön! Er behauptet nämlich, sie wären alle wunderschön!"

„Ach, darum . . ."

„Was, darum?"

„Darum macht es ihm nichts aus, wie ich aussehe. Eine Mischung zwischen Kröte und Spinne."

„Übertreibst du's nicht ein bißchen mit deiner malerischen Selbstdarstellung?" fragt Joy voller Unbehagen. „Warum sagst du immer solche Sachen?"

„Vielleicht ist es meine Art Humor . . ."

„He! Da seid ihr ja!" Andy wirft die Mistgabel hin und kommt ihnen entgegen.

Florian folgt zögernd. Er hat Angelika bisher nur von weitem gesehen und einen möglichst großen Bogen um sie gemacht.

Andy muß ihm ins Gewissen geredet haben, denn auf einen Blick des älteren Freundes hin geht er zu dem Mädchen, das da über den Krücken hängt, und streckt mit einem verlegenen Lächeln die Hand aus.

„Ich hab mich dir noch gar nicht vorgestellt, entschuldige bitte. Ich bin Florian. Der Sohn von Pepsi."

Angelika schüttelt ihm lächelnd die Hand. Und wie den anderen, so geht es auch ihm. Als er ihren festen Händedruck spürt und die strahlenden Augen sieht, kann er gar nicht mehr verstehen, warum er sich so vor dieser Begegnung gefürchtet hat. Sie sieht anders aus als die anderen, na schön, aber sonst scheint sie ganz normal zu sein.

„Wir sind gleich mit Ausmisten fertig, dann führe ich dich überall herum", sagt Andy. „Du kannst ja inzwischen unsere Schafe bewundern, und Allah freut sich sicher auch über einen Besuch. Zeus ist hinten im Garten und leistet Freedom Gesellschaft."

„Freedom hat für den Sommer ein großes Freigehege im Garten bekommen", erklärt Joy. „Es wäre zu gefährlich, das Äffchen frei herumlaufen zu lassen. Ich habe dir ja schon von seinen Heldentaten erzählt."

„Den muß ich mir sofort ansehen", sagt Angelika, ihr Gesicht glüht vor Eifer und Begeisterung. Vielleicht macht das aber auch nur Andys Nähe. „Hinten im Garten, sagst du?"

„Ja, du brauchst nur hier ums Haus herumzugehen. Joy hilft uns inzwischen, den Stall fertigzumachen", sagt Andy.

Joy zieht eine Grimasse, als Andy ihr grinsend die Mistgabel in die Hand drücken will.

„Hast du nicht vielleicht was anderes für mich zu tun? Wo ich doch ausgerechnet meine weißen Jeans anhabe . . ."

„Okay, dann bring du Allah in die andere Box hinüber, damit wir ihren Salon auf Hochglanz bringen können. Ich dachte nur, weil du immer ein bißchen Schwierigkeiten mit ihr hast, mach ich das lieber selber."

„In die andere Box rüber? Na, das werde ich ja vielleicht noch schaffen!"

Allah die Zweite, Andys Geschenk an den Direktor, ist von einem rosigen Ferkel zu einer kräftigen jungen Sau herangewachsen und ein wandelndes Beispiel für die von Wissenschaftlern so oft bestätigte Tatsache, daß Schweine über eine hohe Intelligenz verfügen. Wenigstens reicht Allahs Intelligenz, um Joy mit Leichtigkeit auszutricksen.

Als Joy den Stall betritt, kommt ihr die muntere Schweinedame fröhlich grunzend entgegen. Joy überlegt einen Augenblick, wie sie zu Werke gehen soll. Ja, das wird das Beste sein: sie muß die Türen der beiden Boxen so weit öffnen, daß sie aneinanderschlagen. Dann bilden sie einen Gang, und Allah kann ihr nicht entwischen.

Joy öffnet zunächst die Tür zur rechten – der leeren – Box. Dann reißt sie blitzschnell auch die Tür zur linken Box auf, in Erwartung, Allah würde sofort versuchen, durch den Spalt ins Freie zu kommen. Die beiden Türen schlagen hart aufeinander. Allah steht regungslos auf einem Haufen schmutzigen Strohs und sieht Joy aus listigen Augen an.

„Na, komm schon – geh da rüber!"

Allah schwenkt ihre rosige Steckkontaktnase von einer Seite zur anderen. Dann taucht sie sie in das schmutzige Stroh, wühlt ein wenig darin herum, wirft es hoch und tut, als sei Joy gar nicht vorhanden.

„Du sollst da rübergehen! Na los, mach schon!"

Ruff! Ruff! grunzt Allah und dreht Joy das Hinterteil zu.

„Mein Gott, bist du blöd! Siehst du nicht, daß die Tür auf ist? Na los, du hast es doch sonst immer so eilig!"

Allah nimmt keine Notiz von der offenen Tür. Joy sieht sich ratlos um. Da – kaum einen Schritt von ihr entfernt lehnt ein Stallbesen an der Wand, damit wird sie die faule Schweinedame auf Trab bringen. Sie löst die rechte Hand von der Tür zur leeren Box, die sich langsam weiter öffnet. Das dauert kaum zwei Sekunden, aber Allah genügen sie. Wie der Blitz dreht sie sich um und schießt wie ein Pfeil nach draußen, wobei sie Joy unsanft zur Seite stößt.

„Andy! Florian! Schnell! Haltet sie! Hilfe! Haltet sie!" kreischt Joy hinter ihr her, unfähig sich zu rühren. „Sie ist mir wieder ausgerissen, das Aas!"

„Hab ich's doch geahnt!" brummt Andy und spurtet hinter der Schweinedame her, die gerade um die Hausecke verschwindet.

Angelika hat nur den Schrei „Haltet sie!" gehört und dreht sich erstaunt um. Allah galoppiert genau auf sie zu. Ohne lange zu überlegen, wirft sich Angelika ihr entgegen, fällt über sie und erwischt sie an den Hinterbeinen. Allah quiekt empört, und Angelika lacht so, daß sie kaum ein Wort herausbringt.

„He! Kommt . . . kommt her! Ich ha . . . ich hab sie!"

Mit einem Satz ist Andy bei ihr und packt Allah mit eisernem Griff. Florian und Joy helfen Angelika auf die Beine und klopfen ihr Grashalme und Schmutz vom Kleid.

„Das war echt stark von dir!" lobt Andy Angelika. „Alle Achtung. Ein Reaktionsvermögen wie ein Rennfahrer – das soll dir mal erst einer nachmachen. Ab sofort erkläre ich dich zum Mitglied der Zoogruppe!"

„Ehrenmitglied!" ruft Herr Traube, der das Ganze von der Küche aus beobachtet hat und nun im Fenster erscheint. „Oder möchtest du Vorstandsmitglied werden?"

„Mitglied genügt", meint Angelika lachend. „Sie sind der Biolehrer, nicht wahr?"

„Bin ich. Traube. Wie Weintraube, leicht zu merken. Selten sauer, allenfalls etwas erdig."

„Und das ist meine Freundin Angelika", stellt Andy vor, die Arme immer noch fest um Allahs Brust gelegt. „Beruf: Tierfänger. Viele Dankschreiben und den Hausorden von Schloß Margaretenburg."

„Das muß gefeiert werden", sagt Herr Traube. „Kommt rein, ich lade euch zu einer Cola ein. Für jeden eine, versteht sich."

Das Brotfest

Allah, der Direktor, blättert träumerisch in einem Buch, das Herr Traube eben vor ihn hingelegt hat.

„Der moderne Bienenstock", murmelt er. „Ach ja. Gründüngerpflanzen anbauen. Obst- und Gemüseanbau. Energiegewinnung über Windräder. Einen Teich anlegen . . ."

„Morgen ist das Backhaus fertig", sagt Herr Traube. „Ich wollte Ihnen etwas vorschlagen, Herr Direktor."

„Ja?" Allah hört nur mit halbem Ohr zu.

„Eine Eröffnungsfeier. Ein Eröffnungsfest für das Backhaus. Die Kinder könnten selber Brot backen. Ein Brotfest sozusagen."

„Ein Brotfest? Die Kinder?" Allah kehrt aus seinen Träumen zurück. „Warum nur die Kinder? Alle sollen sich beteiligen! Auch die Lehrer! Jeder, der Lust hat, darf Brot backen. Wir werden Gruppen bilden, die miteinander in Wettstreit treten. *Wer backt das beste Brot* – wie gefällt Ihnen das? Ich werde sofort ein Plakat für das Schwarze Brett entwerfen. Nächstes Wochenende Brotfest! Man hat doch hoffentlich überprüft, ob das Ding auch funktioniert?"

„Morgen werden wir den Ofen einmal zur Probe anheizen", beruhigt ihn Herr Traube. „Dann kann eigentlich nichts schiefgehen."

„Großartig. Sie übernehmen die Organisation. Ich höre dann von Ihnen, Traube."

Das Telefon auf dem Schreibtisch schrillt, und Herr Traube zieht sich zurück.

„Übrigens – Traube!" ruft Allah ihm nach. „Brot backen – wie macht man das eigentlich?"

„Es ist nicht schwerer, als ein Ei zu kochen, Herr Direktor."

„Ja, so ..." brummt Allah. „Bei mir werden die Eier immer zu hart. Weiß auch nicht, woran das liegt."

Fünf Tage später ist es soweit. Der Himmel beschenkt die Festgesellschaft mit strahlendem Sonnenschein und wolkenlosem Blau. Um das Backhaus stehen lange Tische, mit sauberen Tüchern abgedeckt, daneben Körbe voller Zutaten und Kannen mit frischem Wasser.

Klaus aus der Zwölften kümmert sich um die Feuerung des Ofens. Mike und Christian sind seine Gehilfen und schleppen immer neues Holz herbei.

„Das ist ja ein Feuer zum Hexenverbrennen", sagt Sybille kichernd und wirft Klaus einen schmachtenden Blick zu. Er ist schon lange der Held ihrer geheimsten Träume.

Nach und nach versammelt sich die Gesellschaft auf der Wiese, kaum einer läßt sich diesen Spaß entgehen. Allah, mit einer weißen Bäckermeistermütze auf dem Kopf und in eine bodenlange weiße Schürze gehüllt, steht mit leuchtenden Augen vor einem der drei großen Backtröge, die sie sich zu diesem festlichen Anlaß ausgeliehen haben. Ein eigener Trog ist bereits beim Dorftischler in Auftrag gegeben worden, aber noch nicht fertig.

Die anderen scharen sich in Gruppen um die übrigen Backtröge und großen Schüsseln und Backbretter, flüsternd werden Rezepte hergesagt wie Geheimformeln. Ein Dutzend verschiedene Sorten Brot wollen sie backen, tagelang waren sie auf der Jagd nach interessanten Spezialitäten, haben in Buchhandlungen gestöbert, telefonisch Auskunft bei Müttern, Tanten und Großmüttern eingeholt oder den Bäckermeister im Dorf um Rat gefragt.

Wer nicht zu den Bäckergruppen gehört, ist als Zuschauer und Schiedsrichter dabei oder kümmert sich um die weitere Gestaltung des Festes. Die Mitglieder des Schulorchesters kommen mit Klappstühlen anmarschiert und nehmen ein wenig abseits vom Geschehen Platz.

Allahs Seehundschnauzbart zittert vor glücklicher Erregung. Er formt die Hände zu einem Trichter und brüllt in die Runde: „Seid ihr alle da? Dann erkläre ich das Brotbackfest für eröffnet. Der Wettbewerb kann beginnen!"

Wie eine hungrige Meute stürzen sie sich auf Schüsseln, Kannen, Tüten und Blechdosen, in denen sie die Zutaten schon fertig abgewogen herbeigeschleppt haben. Die Gruppen bilden jeweils einen engen Ring um den Ort ihrer schöpferischen Versuche, um sich nur ja nichts absehen zu lassen.

Nur Allah steht an einem Tisch in der Mitte für sich allein und taucht lächelnd die Hände in einen Berg aus Mehl, den er mit Wasser zu einer klebrigen Masse verarbeitet und wieder und wieder eifrig durchwalkt, bis das Ganze zu einem geschmeidigen Teig geworden ist.

Das Schulorchester intoniert einen Marsch. Die *Leichte Kavallerie* ertönt über die Wiese, und die Zuschauer pfeifen und klatschen im Takt.

Pepsis Familie und die des Wikingers haben zusammen eine Gruppe gebildet. In drei großen Schüsseln wird das vorbereitet, was später Zwiebelbrot, Rosinenbrot und schwarzbraunes Vollkornbrot werden soll. Bruni, Oliver und Helga kneten, während die anderen drumherumstehen und aufpassen, daß alles genau nach Rezept geschieht.

„Flori, du Trottel! Kannst du nicht aufpassen? Du hast den Topf mit Wasser umgestoßen! Na los, zisch ab, hol neues, aber paß auf, daß es genau ein Liter ist!" ruft Katrin.

„Du hast das Salz vergessen, Oliver! Halt, nicht so viel, ein Löffel genügt . . ."

„Das Zwiebelbrot ist fertig zum Aufgehen. Wo sind die Tücher? Deckt die Schüssel zu!"

„Nimm gefälligst die Pfoten aus den Rosinen; wenn du sie alle vorher vernichtest, werden wir das Brot nicht mehr als Rosinenstuten anbieten können!"

„Meinst du nicht, daß der Teig zu flüssig ist? Pepsi, findest du nicht auch, daß der Teig sehr flüssig aussieht?"

„Wie kommt das Gras ins Mehl? Paßt doch auf, Kinder!"

So wirbeln und schwatzen sie durcheinander. Oliver sieht aus, als wolle er im Zirkus auftreten, ganz weiß ist sein Gesicht vom Mehlstaub. Bruni klebt Teig an der Nasenspitze. Helga steht in ihren Schuhen wie in einem Wassertümpel, weil Florian die Kanne zielsicher in ihre Richtung umgestoßen hat. Aber all das tut dem Vergnügen keinen Abbruch.

Während an allen Tischen der Teig zum Gehen aufgestellt ist, gibt es eine Erfrischungspause. Jetzt sind die anderen dran, sie laufen mit Kannen, Karaffen und Bechern herum und verteilen Fruchtsaft und Zitronentee. Aus dem Schornstein des Backhauses schlängelt sich der Rauch in den blauen Nachmittagshimmel, das rote Ziegeldach leuchtet in der Sonne, im dichten Holundergestrüpp beschweren sich die Spatzen aufgeregt über den Lärm.

Allah haut noch immer klatschend auf seinen Teig ein. Man kann gar nicht lange genug kneten, um schön lockeres Brot zu bekommen, hat er gelesen. Er hat das Rezept auswendig gelernt.

Es ist soweit. Die ersten Brote wandern ins Backhaus. Mit einem langen Schieber werden sie in die geräumige Höhle gehoben und vorsichtig abgelegt. Herr Neumeier, der Sportlehrer – den sie wegen seines klassischen Profils den Römer nennen –, hat die Aufsicht über den Ofen übernommen, assistiert von Sabine, Edward und Wolfgang.

„Die am längsten brauchen, kommen ganz nach hinten", kommandiert Sabine. „Merkt euch genau, wann welches Brot fertig ist."

„Mach die Klappe zu, es zieht! Die ganze schöne Backhitze geht uns verloren!" mahnt Edward. „He, ihr Flaschen da draußen, geht vom Fenster weg! Glaubt ihr, wir können im Dunkeln arbeiten?"

Schmollend ziehen sich ein paar Mädchen zurück, die neidvolle Blicke auf Sabine geworfen haben. Sabine, die Glückliche, die den ganzen Nachmittag hautnah neben dem angebeteten Römer verbringen darf. Wie sie das bloß geschafft hat!

Allah erscheint mit vier Kastenformen, er trägt sie so behutsam, als wären es eben geborene Säuglinge.

„Genau dreißig Minuten backen!" fleht er eindringlich. „Nicht kürzer und nicht länger! Es muß außen knusprig und innen weich und saftig sein!"

„Klar, Herr Direktor. Ich werde ein ganz persönliches Auge auf Ihre Brote werfen", beteuert Wolfgang und schiebt die Formen auf die linke Seite neben Brunis Zwiebelbrote.

„Ich will mich ja nicht einmischen", flüstert Allah dem Römer zu, „aber meinen Sie nicht, daß die Hitze in der Mitte gleichmäßiger ist?"

„Keine Sorge, Herr Direktor, das ist ja gerade das Besondere an diesen großen Backöfen, daß die Hitze überall gleichstark ist."

„Ah, sehr gut, ja, dann bin ich beruhigt."

Allah trennt sich nur zögernd von der geheimnisvollen Tür, hinter der jetzt sein Werk der Vollendung entgegenreift. Zu dumm, daß diese alten Öfen kein Glasfenster haben, durch das man den Backvorgang beobachten kann. Es macht ihn ganz nervös, daß er nicht weiß, was da drinnen vor sich geht!

Draußen auf der Wiese werden die Tische gereinigt und Zutaten und Geräte beiseite geschafft. Dann breiten sie buntkarierte Tischdecken darüber und verteilen Teller und Bestecke. Butter, Salz, Käse, Radieschen und Tomaten werden aufgestellt und Töpfe mit Marmelade und Honig für die süßen Brote. Von der Backstube her verbreitet sich verführerischer Duft.

„Hm, wie lange dauert das denn noch, ich habe schon Pfützchen auf der Zunge!" stöhnt Mike.

„Da wirst du dich noch ein bißchen gedulden müssen. Erst müssen die Brote nämlich abkühlen. Was glaubst du, was wir für Bauchweh bekommen, wenn wir die Dinger heiß essen!" sagt Joy.

„Das Leben ist eins der schwersten", tröstet Hexi ihn, „aber noch lange nicht das schlimmste."

Um die Zeit zu überbrücken, gibt es ein paar Tanzspiele und Wettbewerbe. Rübezahl produziert sich mit einer Opernparodie, unterstützt von einigen Mitgliedern des Schulorchesters. Frau Engels, die Lateinlehrerin, zitiert Morgenstern und Wilhelm Busch. Frau Daniels, die neue Französischlehrerin, überrascht die Gesellschaft mit ein paar Chansons, die sie zur Gitarre singt.

Im Backhaus stehen die Schüler mit hochroten Köpfen und holen die ersten Brote aus dem Ofen, duftende Wecken und Rosinenstuten, französische Stangenbrote und Zwiebelbrot. Sie werden nebeneinander auf einem Tisch abgelegt und vorsichtig begutachtet. Sabine sticht mit einer Nadel hinein, um festzustellen, ob sie wirklich durchgebacken sind.

„Aussehen tun sie phantastisch!" lobt Edward.

„Und der Duft! Am liebsten würde ich gleich reinbeißen", sagt Wolfgang und macht ein Gesicht wie der Wolf, als er die sieben Geißlein entdeckte.

„Durchgebacken sind sie auch!" verkündet Sabine. „Kinder, unsere Brote sind Spitze! Besser könnten sie gar nicht sein!"

„Hurra!" ruft der Römer übermütig, er freut sich wie ein kleiner Junge, dem es zum erstenmal gelungen ist, ein Kartenhaus zu bauen. Er hat es sich zwar nicht anmerken lassen, aber im stillen hat er bezweifelt, daß die Sache funktioniert. Jetzt drückt er Sabine, die neben ihm steht, voller Überschwang an sich. Sabine wird noch ein bißchen heißer, als ihr ohnehin schon ist. „Ist das nicht eine Pracht – sagt doch mal, das müßt ihr doch zugeben, ist das nicht fabelhaft? Wo sind die Fotografen? Das muß fotografiert werden!“

„Die Vollkornbrote müssen raus, und die Gewürzbrote auch“, mahnt Edward. „Fotografieren können wir später.“

Aber Wolfgang hat schon einem der Jungen zugewinkt, die mit Kameras herumschleichen und auf der Jagd nach außergewöhnlichen Schnappschüssen vor allem die Lehrer belauern. Wie der Blitz steht er in dem kleinen Raum der Backstube und hat das Brot mitsamt dem stolzen Römer und Sabine anvisiert. Der Römer drückt Sabine noch einmal an sich, nur so für das Foto, er ist wirklich sehr guter Laune, wenn man bedenkt, wie ruppig er sonst meistens tut, um sich die Mädchen vom Leibe zu halten. Sabine wagt kaum zu atmen vor Glück.

Edward arbeitet mit hochrotem Gesicht am Ofen, zieht die fertigen Brote heraus und legt sie mit dem Schieber auf dem Tisch ab. Auch er wird von dem Fotografen sofort aufs Korn genommen, immer wieder leuchtet der Blitz auf, um alle Phasen dieses Vorgangs festzuhalten.

„Kinder, das wird eine dufte Reportage. Los, beug dich noch mal so vor, daß das Licht auf dein Profil fällt – ja, gut so, Spitze! Mann, einen Spielfilm müßte man machen, das sind vielleicht Motive!“

Edward macht Sabine ein Zeichen. Sein Gesicht drückt Beunruhigung aus. Als der Fotograf die Backstube verlassen hat, winkt er sie heran.

„Schau doch mal – Allahs Brote sehen so komisch aus, sie gehen überhaupt nicht auf!“

„Tatsächlich. Woran liegt das bloß? Die anderen werden doch

„Die Vollkornbrote und die Gewürzbrote müssen aus dem Ofen", ruft Edward

4 8161-8

alle so prima! Wann müssen sie denn raus?"

„In fünf Minuten. Na, vielleicht ist es ein besonderes Rezept. So 'ne Art Pumpernickel oder so."

„Eben. Vielleicht müssen sie so aussehen", beruhigt sich Sabine. „An uns kann es wirklich nicht liegen."

Nach und nach werden alle Brote aus dem Backofen gezogen und zum Auskühlen auf den Tisch gelegt. Später sollen sie draußen zur Begutachtung durch die Preisrichter aufgebaut werden.

„Haben wir jetzt alle?" erkundigt sich Sabine.

„Bis auf die von Allah." Wolfgang zieht Allahs Brote nacheinander bis an den vorderen Rand des Backofens.

„Komisch!" Der Römer tritt heran und betrachtet kritisch die dunkelbraunen Gebilde, die kaum den Rand der Kastenformen erreichen. „Sie sind überhaupt nicht aufgegangen!"

Zur Probe streckt er die Hand aus und will mit dem Finger auf die Kruste drücken, da passiert es. Edward, der neugierig herangekommen ist, stößt ihn aus Versehen an, und der Römer gerät mit der Hand zwischen die glühend heißen Backformen.

„Au, verdammt!" brüllt der Römer und zieht seine Hand mit einem schmerzlichen Aufstöhnen zurück.

Edward murmelt erschrocken Entschuldigungen und kriegt einen roten Kopf.

„Gleich ins kalte Wasser!" ruft Sabine und zieht den Römer zum Wasserhahn hinüber.

Sie packt seine Hand und dreht den Hahn voll auf. Dann hält sie die verletzte Stelle unter den Wasserstrahl.

„Tut es sehr weh?" Sabine sieht dem Römer in einer Mischung aus Mitleid und Anbetung tief in die Augen.

„Es reicht", sagt der Römer.

Sabine wagt es, unter dem Vorwand der Krankenpflegerpflicht, ganz vorsichtig seine Hand zu streicheln.

„Am besten tun wir etwas Öl drauf, bis jemand Salbe geholt

hat. Warten Sie ..."

Sabine ergreift ein Handtuch und tupft hingerissen auf der stark geröteten Hand des Römers herum. Dann nimmt sie die Flasche mit dem Speiseöl, das sie zum Einpinseln einiger Brote benötigt haben, und gießt vorsichtig etwas davon auf die Wunde. Mit streichelnden Bewegungen verteilt sie es auf der Hand des Angebeteten.

„Ich tue Ihnen doch nicht weh?"

„Aber nein, du machst das fabelhaft!" Der Römer lächelt zufrieden, er läßt sich ganz gern mal verwöhnen. „Ich glaube, jetzt ist es gut, ich spüre es kaum noch. Danke, Sabine, du bist eine ausgezeichnete Samariterin!"

„Oh, das habe ich doch gern getan", stottert Sabine und läßt nur sehr ungern die Hand des Römers los. Ihr Herz klopft so stark, daß sie es bis in die Ohren spürt.

Wolfgang und Edward haben inzwischen die Brote hinausgetragen und auf dem Tisch in der Mitte aufgebaut. Es ist der, an dem Allah vorhin seinen Teig bereitet hat. Jedes Brot wird mit einem Fähnchen in einer bestimmten Farbe besteckt, die man vorher den einzelnen Backgruppen zugeteilt hat. Jetzt drängen sie von allen Seiten heran, um die gelungenen Werke zu begutachten.

„Die Baguettes sehen wirklich professionell aus!" lobt Frau Daniels. „Und hier der Mandelstuten! Ein Gedicht!"

„Wie heißt denn das? Basler Brot, na, das ist wirklich toll!" schwärmt Evi.

„Das Kümmelbrot duftet gut! Davon muß ich unbedingt probieren!" schwärmt eine aus der Elften.

„Wieviel kriegt jeder?" erkundigen sich die aus der Fünften besorgt. „Soviel man will?"

„Es ist für alle reichlich da", beruhigt sie Herr Brockhoff, den sie den Brocken nennen. „Ich wette mit euch, es bleibt noch was übrig!"

„Was ist denn das hier Lustiges?“ Frau Engels zeigt auf die flachen, dunkelbraunen Brote Allahs. „Sehen aus wie Ziegelsteine!“

„Ziegelsteine zum Füßewärmen“, kichert jemand im Hintergrund. „Ein altväterlicher, bäuerlicher Brauch.“

Allah hat schweigend dabeigestanden. In seinem Gesicht mischen sich Kummer und Erstaunen.

„Ja, ich verstehe es selbst nicht. Das Brot ist hart wie Stein, dabei habe ich doch . . . es ist wie verhext . . . wie bei den Eiern!“

„Brauchen Sie das noch, Herr Direktor?“

Einer der Kleinen aus der Fünften, der zum Aufräumertrupp gehört, hebt eine Schüssel hoch, die er unter dem Tisch gefunden hat. Ein graugrüner, halbflüssiger Brei blubbert darin. Allahs Augen weiten sich entsetzt.

„Mein Gär . . . mein Vorteig . . . ich muß ihn vergessen haben, in den Teig zu geben . . . und ich habe doch extra . . . na so was!“ brummt Allah kopfschüttelnd und zieht an den Enden seines Schnurrbarts. „Und ich habe schon geglaubt, ihr hättet mir einen Streich gespielt! Na, macht nichts. Und jetzt – holt die Messer her! Die Jury wird nun den Geschmack der Brote prüfen und ihre Entscheidung treffen!“

Das Fest dauert bis zum späten Abend. Pepsi überschlägt in Gedanken ihre Vorräte an Kohletabletten und Kamillentee, angesichts der Mengen von frischem, warmem Brot, das hier an allen Tischen vertilgt wird. Die ersten legen schon verstohlen die Hand auf den drückenden Magen, nicht alle haben auf die Warnungen gehört, das Brot wenigstens erst einmal abkühlen zu lassen.

Angelika sitzt glücklich zwischen Joy und Hexi. Zum erstenmal hat sie das Gefühl, wirklich dazuzugehören. Herr Traube hat Freedom mitgebracht, das Äffchen hockt auf seiner Schulter und knabbert an einer Rosinenbrotkruste. Und Zeus, der Esel, weicht nicht von Allahs Seite und läßt sich mit kleinen Brocken von Allahs Spezialbrot Marke „Beißfest" füttern.

„Ja, wißt ihr denn nicht", sagt Allah verschmitzt, „daß ich das Brot extra für ihn gebacken habe?"

Der rasende Römer

Wenn es auch Augenblicke gibt, in denen Angelika sich zwischen den anderen zu Hause fühlt, so bleibt sie doch ein Außenseiter. Joy, Hexi und Sabine, die andern in ihrer Bude, geben sich Mühe, nett und freundschaftlich zu sein, sie flitzen nur so, wenn Angelika ihre Hilfe braucht und heben, wo sie nur können, Angelikas gute Eigenschaften in den Himmel. Sie loben ihre guten Schulnoten, ihre Einfälle, ihr Wissen, aber all das wirkt immer ein bißchen wie Theater. Sie benehmen sich nicht so, wie sie wirklich sind, und so sehr sie sich auch bemühen, sie bleiben verkrampft.

Es ist schwer, sich an Angelikas Aussehen zu gewöhnen, wenn man mit ansehen muß, wie sie sich an- und auszieht, wenn man neben ihr im Waschraum steht oder unter der Nachbardusche, und – obgleich man nicht hinsehen will – doch immer wieder wie unter einem Zwang auf diesen mißgestalteten Körper schaut.

Und etwas anderes kommt hinzu. Sie trauen sich nicht mehr, zu reden und zu albern wie früher, über Frisuren und Kleidung, Nagellack und Make-up. Es ist schwierig, sich vor Angelika im Spaß vor den Spiegel zu stellen, um ihre Figuren zu vergleichen, wer den hübschesten Po hat und wer den am besten entwickelten Busen. Oder von Jungen zu reden, von Liebesgeschichten und heimlichen Träumen. Man muß so aufpassen, daß man nichts sagt, was Angelika verletzen könnte. All die Anspielungen, das Necken und das tägliche Geplänkel verbieten sich. Sie trauen sich kaum noch, von ihren sportlichen Erfolgen zu schwärmen, vom Laufen und Herumtollen, Klettern und Springen und von langen Wanderungen durch die umliegenden Wälder.

Alles, was Angelika traurig machen könnte, ist nun tabu. Jeder Satz, den man sagen möchte, wird ängstlich überprüft, ob er nicht etwas für Angelika Unzumutbares enthält. Vor lauter Bemühen, sich vorbildlich zu verhalten, haben sie manchmal das Gefühl, ersticken zu müssen. „Angelika behandeln wie ein ganz normales Mädchen", hat Pepsi gesagt. Aber können sie das wirklich?

Mit Andy ist es anders.

Joy ist fast ein bißchen eifersüchtig auf den Bruder und seine Freundschaft mit Angelika. Täglich ist sie bei ihm im Zoo, hilft ihm, Futter zu bereiten, Listen zu schreiben, Beobachtungen aufzuzeichnen oder Käfige zu reinigen. Andy findet immer etwas, was sie tun kann, und der Gesprächsstoff geht ihnen nie aus.

Manchmal kommt Herr Traube aus seiner Wohnung im Kutscherhaus herunter und setzt sich zu den beiden. Sie schmieden Pläne für weitere Verbesserungen des Zoos, erzählen sich Geschichten oder arbeiten einfach schweigend vor sich hin.

Fast täglich fragt Angelika Andy ab. Er hat ihr gestanden, wie ihn die Nachhilfestunden anöden, und wie er hat kämpfen müssen, um den Anschluß ans Gymnasium zu bekommen. Jetzt besprechen sie Tag für Tag, was Andy im Unterricht durchgenommen hat, und Angelika erklärt ihm geduldig, was er nicht verstanden hat. Meistens ist es die englische Grammatik, mit der er sich herumschlägt, oder das verflixte Latein. Da kann es vorkommen, daß Herr Traube sich beteiligt. Sie erfinden Spiele und unterhalten sich eine Stunde lang nur in einer der Fremdsprachen.

Es wird viel gelacht an diesen Nachmittagen im Kutscherhaus, wenn keiner von den anderen aus der Zoogruppe dabei ist. Fast fühlen sie sich wie ein Geheimclub.

Andys Selbstbewußtsein wächst von Tag zu Tag. Fühlte er sich im ersten Jahr in Margaretenburg nur wie ein Außenseiter, so sieht er sich jetzt als den heimlichen König. Der Zoo ist sein Werk, er hat die Idee gehabt, er hat die Pläne angefertigt. Auch wenn die anderen beim Aufbau geholfen haben, so hält er doch die Fäden in der Hand. Er beobachtet und forscht Tag für Tag, und sein Werk ist es, das Besuchern als besondere Attraktion vorgeführt wird.

So bleibt es nicht aus, daß Andy beginnt, sich für unfehlbar zu halten. Die paar Schwierigkeiten im Unterricht werden leicht durch seine Verdienste um den Zoo ausgeglichen. Er ist derjenige, der die meisten Extra-Freistunden bekommt, weil er sich um die Tiere kümmern muß. Hat er eine Arbeit nicht gemacht, oder kommt er zu spät, braucht er sich nur mit Arbeitsüberlastung im Zoo zu entschuldigen, und keiner macht ihm einen Vorwurf.

Die Margaretenburger sind stolz auf ihn. Immer häufiger wird er von den Jüngeren um Rat gefragt, er muß Streit schlichten oder helfen. Kein Wunder, daß Andy beginnt, seine Macht zu genießen.

In seiner Phantasie sieht er sich Preise entgegennehmen, Forschungsaufträge bekommen, er träumt davon, große Taten zu vollbringen, mit denen er zur Rettung der Menschheit beiträgt. Ein Wüstenland wird durch seine Initiative vor einer Hungerkatastrophe bewahrt, Tierarten vor dem Aussterben gerettet, Seuchen verhindert. Steppen werden zu fruchtbaren Landschaften und häßliche Großstädte zu paradiesischen Wohngärten.

Nur Angelika und Herr Traube wissen von seinen Träumen. Angelika bewundert Andy hemmungslos. Herr Traube lächelt verständnisvoll, aber insgeheim macht er sich Sorgen über

Andys Phantastereien. Andys Träume wachsen auf dem Boden eines Allmachtgefühls, nicht auf dem Boden der Menschenliebe. Und einmal sagt er es ihm, lachend, aber seine Augen lachen nicht mit.

„Paß auf, daß du dich nicht plötzlich für den lieben Gott hältst, Andy Superstar!"

Aber Andy hat gar nicht richtig hingehört. Er weiß, daß Angelika ihn bedingungslos liebt und anbetet wie ein höheres Wesen. Und immer mehr festigt sich in ihm der Gedanke, er sei berufen, Angelika aus ihrem bedrückenden Leben herauszuführen – hin zu Leistungen, die ihr niemand zugetraut hätte. So ermuntert er sie ständig, Dinge zu tun, die eigentlich ihre Kräfte übersteigen.

„Du kannst es, ich weiß es! Du mußt nur selber ganz fest daran glauben! Noch fällt es dir schwer, aber wenn du es jeden Tag übst, wird es von Woche zu Woche bessergehen!"

Und manchmal vorm Einschlafen sieht er Angelika laufen wie ein ganz normales Mädchen. Sie ist gewachsen, der Rücken gerade, der Kopf sitzt auf einem schlanken Hals. Und alle beglückwünschen ihn, Andy, wie er das geschafft hat.

Angelika nimmt verbissen jede Strapaze auf sich und läßt sich nicht anmerken, wie sehr sie Andys Aufträge oft erschöpfen. Es kommt vor, daß sie vor Verzweiflung weint, wenn niemand in der Nähe ist. Aber für Andy tut sie alles. Nichts wäre schlimmer, als ihn zu enttäuschen.

Hexi, Joy und Sabine fällt es nicht auf, wie blaß und elend Angelika jetzt manchmal ist. Sie haben anderes im Sinn. Schule, Sport, Musik und die Neigungsgruppen füllen ihre Tage aus. Die Abschlußzeugnisse geistern durch die Köpfe, und die Sommerferien schleichen sich immer öfter in ihre Gedanken.

Besonders Sabine ist in diesen Tagen merkwürdig geistesabwesend. Sie scheint überhaupt nicht hinzuhören, wenn man mit ihr spricht. Stundenlang liegt sie auf ihrem Bett und starrt mit verzücktem Ausdruck an die Decke. Oder sie ist spurlos verschwunden und erzählt, wenn sie wieder auftaucht, von langen einsamen Spaziergängen durch die Felder. Statt der gewohnten Schmöker liest sie Gedichte, aus denen sie bedeutungsvolle Zeilen auf das Löschpapier ihrer Schulhefte schreibt.

„Weißt du, was ich glaube?“ flüstert Hexi Joy zu, als Sabine wieder einmal am Fenster des Klassenzimmers steht und gedankenverloren in die Baumwipfel hinaufstarrt. „Sie ist verknallt!“

„Ausgerechnet Sabine? Wie kommst du denn darauf? Die weiß doch gar nicht, was das ist!“ Joy kichert. „Unser Sabinchen ist doch schon als alte Jungfer auf die Welt gekommen. Und überhaupt – in wen denn?“

„Ich weiß nicht. Wir müssen halt mal unsere Augen ein bißchen offenhalten, dann werden wir es schnell wissen.“

„Also, wenn das stimmt ...“ Joy schüttelt ungläubig den Kopf. „Das wäre ja echt 'ne Sensation!“

Noch am gleichen Tag gibt Sabine ihnen ein neues Rätsel auf. Joy hat sich ihr Mathematikbuch ausgeliehen, weil sie ihr eigenes in der Klasse vergessen hat. Als Sabine einmal kurz hinausgeht, schiebt Joy Hexi das Buch zu und weist auf eine Stelle auf der Innenseite des Deckels. Auf dem hellblauen Schutzumschlag prangt ein dunkelrotes Herz mit den Initialen „S.R.“ und „P.N.“

„P.N. – wer um Himmels willen ist P.N.?“ überlegt Hexi. „P. – das könnte Peter heißen, oder Paul.“

„Oder Patrick. Aber der einzige Patrick bei uns heißt mit Nachnamen Hausmann, der kommt nicht in Frage. Peter Böhm auch nicht, Peter Arendsen fällt ebenfalls weg, und einen Paul kenne ich nicht“, grübelt Joy.

„In der Elften gibt's einen Peter Schuster. Und in der Sechsten einen Peter Hoffmann. Alles Fehlanzeige. Achtung! Sie kommt!“

Sosehr sie auch nachdenken, sie kommen nicht dahinter.

„Wir müssen die Jungen ausfragen", flüstert Hexi beim Abendbrot. „Vielleicht haben die was gespannt!"

Aber auch Christian, Edward und Mike fällt dazu nichts ein. Einen P.N.? Den gibt's in Margaretenburg nicht.

„Warum wollt ihr das wissen?" erkundigt sich Edward.

Hexi und Joy sehen sich an.

„Ach – nur so. Vergeßt es."

Im Hintergrund taucht Sabine auf.

„. . . und kein Wort darüber zu Sabine!" fährt es Hexi heraus.

Mikes Augen werden groß wie Plattenteller. Er pfeift durch die Zähne.

„Ja, sieh mal einer an! Das sind ja interessante Neuigkeiten. Keine Sorge, Leute, das kriege ich raus!"

„Mike, mach keinen Blödsinn!" fleht Hexi. „Es ist nicht so, wie du denkst!"

Aber es ist schon zu spät, die Jungen haben Feuer gefangen. Zu oft haben sie sich über Sabines Rechthaberei geärgert. Daß ausgerechnet sie jetzt bei einer Schwäche ertappt wird, schlägt ein wie eine Bombe.

Es dauert keine halbe Stunde, sie haben noch ein bißchen auf den Stufen der Veranda gesessen, um den milden Sommerabend zu genießen, da schnürt Mike mit siegessicherer Miene heran.

„Leute, ich glaube, ich hab was für euch. Wo ist Sabinchen?"

„Keine Ahnung", sagt Joy, „sie wollte noch einen kleinen Spaziergang machen."

„Kann man ja verstehen." Mike grinst von einem Ohr zum anderen. „Vermutlich zu den Ställen hinüber."

„Warum ausgerechnet zu den Ställen?" fragt Christian und putzt an seiner Brille herum, an der aus unerfindlichen Gründen immer irgend etwas klebt. „Über den Ställen wohnen doch bloß die Lehrer."

„Kluges Kerlchen", lobt Mike. „Na kommt, es wird ohnehin

gleich abgeschlossen."

Joy, Hexi, Edward und Christian folgen ihm in die große Eingangshalle. Am Schwarzen Brett sind die Fotos vom Brotfest ausgestellt, Mike steuert darauf zu.

„Nun schaut euch die mal genau an, Leute", flüstert er verschwörerisch, „mal sehen, ob euch nichts auffällt."

Edward, der zunächst mal seine eigenen Fotos bewundert – obgleich er das natürlich schon ein dutzendmal getan hat – kommt als erster drauf. Gleich neben dem Bild, auf dem er vor dem offenen Backofen zu sehen ist, hängt ein Foto von Sabine. Sabine im Arm des Römers, die Augen hingerissen zu ihm erhoben.

„Schaut euch die Fotos genau an, Leute!" flüstert Mike verschwörerisch

Jetzt entdecken es auch die anderen.

„Wow!" sagt Hexi.

„Paul Neumeier – darauf wäre ich nie gekommen. Mann, sind wir bescheuert, dabei war es doch so naheliegend!" meint Joy kopfschüttelnd.

„Und du glaubst, daß sie wirklich was miteinander haben?" fragt Edward entsetzt.

„Quatsch! Sie himmelt ihn an, das ist alles. Und ich finde, das ist ihre Privatangelegenheit, wir sollten uns da nicht einmischen", sagt Joy mit leichtem Unbehagen. „Ich meine, wir möchten schließlich auch nicht, daß sich einer einmischt, wenn uns mal so was passiert."

„Ei, ei – sprichst du vielleicht aus Erfahrung?" Mike kichert. „Wer ist denn der Glückliche, meine kleine Joy?"

„Du jedenfalls nicht!" spottet Joy. „Aber beruhige dich, ich habe noch keinen gefunden, der mir gut genug ist."

„Und du, Hexilein? Wie ist es – hast du schon einen heimlichen Liebhaber?" bohrt Mike weiter.

„Klar doch! Wußtest du das nicht?" Hexi ist ganz liebenswürdige Überlegenheit. „Ich bin schon lange in festen Händen!"

„Und wie heißt der Glückliche?" fragt Mike gierig.

„John Travolta."

„Uuuuhhh . . ."

Hinter ihnen wird warnend mit einem großen Schlüsselbund geklappert.

„Schluß der Vorstellung, Kinder. Ich muß abschließen. Ab in eure Körbchen. Morgen könnt ihr weitertratschen."

Das Abschließen besorgen jeweils zwei von den ganz Großen. Und die nehmen sich besonders wichtig. So trennen sich die fünf achselzuckend, winken sich noch einmal zu und verschwinden links und rechts im Jungen- und im Mädchenflügel.

„Hoffentlich halten die den Mund und machen keine blöden Bemerkungen", sagt Hexi leise, bevor sie ins Zimmer kommen. „Würde mir leid tun für Sabine."

„Ja, ich mache mir auch Vorwürfe, daß wir was gesagt haben", meint Joy bedrückt. „Edward und Christian sind einigermaßen vernünftig. Aber Mike, dieser Kindskopf, der ist zu allem fähig!"

Wie recht sie mit ihrer Befürchtung haben, stellt sich bald heraus. Mike läßt der Gedanke an die Sensation, daß ausgerechnet die gestrenge Sabine verliebt ist, nicht mehr los. Bald wissen es nicht nur Edward und Christian, sondern alle Jungen, die zur Familie gehören. Erstaunlicherweise erfährt Bolko Hansen, der Wikinger, nichts davon, obgleich das Thema immer wieder lang und breit unter den Jungen besprochen wird.

„Wir müßten etwas für unsere kleine Sabine tun", sagt Mike, als der Wikinger gerade einmal den Gemeinschaftsraum verlassen hat. „Ich meine, wir müßten die Sache mal ein bißchen in Schwung bringen!"

„Mach keinen Quatsch!" wehrt Christian ärgerlich ab. „Wir sollten uns da wirklich nicht einmischen!"

Mike hält den Mund. Aber bei der nächsten Gelegenheit fängt er wieder davon an. Diesmal sind weder Christian noch Edward im Zimmer, und Andy ist so in ein Tierlexikon vertieft, aus dem er sich eifrig Stichworte notiert, daß er gar nicht zuhört.

„Wie willst du denn das machen?" fragt Oliver leise.

„Hm, man müßte es doch irgendwie schaffen, daß die beiden sich näherkommen. Ein Stelldichein hinterm Park oder so, am besten nachts."

„Glaubst du, das funktioniert?"

„Warum nicht? Hast du dir mal das Foto angesehen? Wie er sie an sich drückt? Und der Blick . . . wie die sich angucken, richtig glühend vor Leidenschaft! Man muß nur mal ein bißchen nachhelfen und dann ..." Mike lacht grunzend in sich hinein.

„Aber wie kriegen wir sie da hin? Zu dem Stelldichein, meine ich", erkundigt sich Holger flüsternd.

„Ich glaube, ich weiß was, Leute."

Mike winkt den anderen, mit hinauszukommen. Der Duschraum ist um diese Zeit noch leer, da können sie ungestört reden.

„Ein Brief – das ist die Lösung!" verkündet Mike den Klassenkameraden. „Wir schreiben einen Liebesbrief an Sabine und unterzeichnen ihn mit P.N.!"

„Na schön", gibt Oliver zu bedenken, „aber wie kriegst du den Römer zu dem Stelldichein? Sie wird da sein, aber er? Der kommt doch nie, bloß weil ihm jemand einen Brief von Sabine unterschiebt! Da müssen wir schon was anderes finden. Aber was?"

„Also, dazu fällt mir überhaupt nichts ein", meint Holger kopfschüttelnd. „Wenn du ihn mit was anderem hinlockst, und er sieht Sabine da rumstehen, ist er doch gar nicht auf Liebe und so was eingestellt!"

Mike schlägt sich mit der Hand vor die Stirn.

„Manno, sind wir dämlich! Das geht doch viel einfacher! Wir lassen sie nachts in seiner Bude aufkreuzen! Wir schreiben ihr, daß er sie erwartet. Ich denke mir jetzt den Brief aus, und du Holger, schreibst ihn nachher, du kannst so prima erwachsene Schriften nachmachen. Okay?"

„Okay. Alles klar."

Kichernd gehen die Jungen auseinander.

Am nächsten Tag ist Sabine noch ein bißchen abwesender. Im Gesicht hat sie hektische rote Flecken, und ihre Hände zittern. Pepsi fühlt ihr besorgt die Stirn, aber Sabine wehrt heftig ab.

„Es ist nichts, wirklich nicht, ich hab bloß letzte Nacht so schlecht geschlafen und bin müde."

„Dagegen gibt's ein gutes Mittel. Mach einen ausgiebigen Mittagsschlaf", sagt Pepsi. „Die anderen können sich inzwischen draußen oder im Gemeinschaftsraum tummeln, damit du deine Ruhe hast."

Sabine ist sofort einverstanden. Vielleicht kann sie wirklich ein bißchen schlafen und muß abends nicht befürchten, die Stunde des Rendezvous zu verpassen. Um ein Uhr nachts, hat er geschrieben. Sabine fühlt alle paar Minuten, ob der Brief, den sie heute nach der Sportstunde in ihrem Turnbeutel gefunden hat, noch in ihrer Tasche steckt.

Sie kann ihn schon fast auswendig. *Mein kleines Mädchen,* hat er geschrieben, *es ist furchtbar, ich weiß, daß ich es nicht tun sollte, aber ich bin krank vor Sehnsucht nach Dir! Nur ein einziges Mal möchte ich Dich in meinen Armen halten! Wenn Du mich nur ein kleines bißchen liebhast, dann komm heute nacht zu mir. Ich erwarte Dich um ein Uhr. P. N.*

Sabine ist ganz schwindlig vor Glück. Am liebsten wäre sie gleich zu ihm gelaufen und ihm um den Hals gefallen. Sie hat sich schon lange gedacht, daß es einen besonderen Grund hat, wenn er immer so betont in die andere Richtung schaut, wenn sie sich ihm nähert. Sie dürfen sich nichts anmerken lassen! Das wäre das Ende für sie beide. Nein, für ihn wäre es gewiß noch viel schlimmer! Sie selbst würde die Schule verlassen müssen, aber er wäre ruiniert. Sie darf ihn auf keinen Fall kompromittieren!

Sabine weiß kaum, wie sie die Stunden bis zur Nacht überstanden hat. Kurz vor ein Uhr verläßt sie auf Zehenspitzen das Zimmer, schleicht aus der Wohnung und durch das Treppenhaus hinunter in den Keller. Durch ein Fenster im Tischtennisraum klettert sie nach draußen und steht im Park. Hoffentlich sieht sie niemand in ihrem weißen Nachthemd, sie muß sich ganz dicht an der Hauswand halten.

Es ist eine warme Juninacht. Wie geschaffen für eine große, leidenschaftliche Liebe, denkt Sabine. Romeo und Julia. Nachtigallen müßten schlagen. Aber man hört nur das Quaken der Frösche vom Weiher herüber.

Sabine nimmt den Umweg über die Scheune, um nicht gesehen zu werden. Kurz darauf steht sie vor dem ehemaligen Pferdestall, über dem sich die Lehrerwohnungen befinden. Der Römer wohnt gleich neben der Treppe. Am ganzen Körper zitternd tastet sie sich die Stufen hinauf. Den Brief hält sie fest an sich gepreßt wie einen Talisman. Da ist seine Tür. Sabine klopft vorsichtig an. Ihr Atem fliegt, als wäre sie die ganze Strecke gerannt.

Warum hört er nicht? Ist er über dem Warten eingeschlafen? Wenn sie lauter klopft, wachen womöglich die anderen auf! Sabine versucht es noch einmal. Nichts. Wartet er darauf, daß sie einfach hereinkommt? Vorsichtig drückt sie auf die Klinke. Die Tür ist offen. Also doch!

Sabine betritt geräuschlos das Zimmer und bewegt sich wie ein Geist auf das Bett des ahnungslosen Römers zu. Als sie bis auf einen Schritt herangekommen ist, fährt er hoch.

„Ha! Ha . . . Äh . . . Was ist . . . Wer ist da? Was ist denn los?" Der Römer sieht die weiße Gestalt und ist zu Tode erschrocken. Erst allmählich kommt er zu sich und tastet nach dem Knopf der Nachttischlampe. „Sabine! Was zum Teufel ist in dich gefahren, bist du mondsüchtig? Was machst du hier?"

Sabine steht einen Augenblick wie erstarrt. Dann dreht sie sich um und rennt mit einem Aufschluchzen hinaus. Blitzartig sind ihr die Zusammenhänge klargeworden. Jemand hat ihr einen üblen Streich gespielt. Irgend jemand – der beobachtet hat, wie sie den Römer angeschwärmt hat. Das Foto – natürlich! Die ganze Schule hat es gesehen. Wer weiß, wie sie sich die Mäuler zerrissen haben! Die Jungen warten doch nur auf so was, sie hört es selbst oft genug, wie sie spotten, wenn es ein Liebespaar in der Schule gibt!

Sie weiß nicht, wie sie in ihr Zimmer zurückgekommen ist. Wie von Furien gehetzt ist sie über den Hof geflüchtet und in die Wohnung hinaufgestürzt. Mit angehaltenem Atem hat sie sich durch die Tür gedrückt, ist ins Zimmer geschlichen und hat sich die Decke über den Kopf gezogen. Sabine heult sich alle Verzweiflung und Wut von der Seele. Sie weint so hemmungslos, daß sie die schleppenden Schritte nicht hört, die sich ihrem Bett nähern.

Erst als eine Hand nach ihrem Kopf tastet, fährt sie auf. Angelika läßt sich schwer auf ihre Bettkante fallen. Sie legt ihren Arm um Sabines zuckende Schultern und streichelt mit der freien Hand über ihr Haar.

„Wein doch nicht so, Bine! Komm, ganz ruhig. Es wird alles wieder gut. Ganz sicher! Sei nicht traurig, es wird alles gut . . ."

Der Römer sitzt auf seiner Bettkante und starrt auf ein Stück Papier, das Sabine bei ihrer Flucht verloren hat. Er hat Mühe, die Zusammenhänge zu begreifen, aber ganz allmählich dämmert ihm, welchen Streich man dem Mädchen gespielt hat. Eines ist ihm vollkommen klar: Nur die Jungen können hinter dieser Gemeinheit stecken!

Ganz langsam beginnt der Römer zu sieden. Und gegen Morgen ist seine Wut kurz vor dem Überkochen. Den Burschen wird er es zeigen! Es trifft sich gut, daß heute gerade die Jungen der sechsten bis neunten Klasse Sportunterricht haben. Denn er ist sicher, daß sich die Übeltäter unter den Jungen dieser Jahrgänge befinden! Der Römer ist wütend.

Ausgerechnet Mikes Klasse ist morgens als erste dran. Als der Römer die Szene betritt, von Kopf bis Fuß der Donnergott persönlich, explosionsgefährlich wie ein ganzer Güterzug voller Dynamit, ziehen Mike, Oliver und Holger unwillkürlich die Köpfe ein und versuchen, sich in den Hintergrund zu mogeln.

Dem Römer entgeht es nicht, auch nicht die ungewöhnlich bleiche Gesichtsfarbe einiger anderer Jungen.

Gegen das, was nun über sie hereinbricht, ist das Strafexerzieren auf der Teufelsinsel ein Honiglecken. Die Befehle des Römers knallen wie Schüsse über den Sportplatz, er gönnt ihnen keine Minute Ruhe. Dauerlauf, fünfundzwanzigmal Liegestütz, fünfzigmal Aufstehen und Hinlegen, Hürdenlauf, Purzelbäume von einem Ende des Sportplatzes zum anderen. Im Dauerlauf in den Geräteraum, alle Geräte auf den Sportplatz schleppen und wieder zurück. Einschließlich der Matten.

Am Ende der Stunde sind sie so ausgepumpt, das manchen von ihnen die Tränen übers Gesicht laufen.

Der Römer läßt sie antreten. Dann ruft er Mike nach vorn. Er zieht den Brief aus der Tasche und hält ihn ihm vor die Nase.

„Hast du den verbrochen?" fragt der Römer knapp.

„Ja, Herr Neumeier", murmelt Mike sehr kleinlaut.

„Dann dreh dich zu deinen Kameraden um und lies ihn vor. Aber laut! Damit sie wissen, warum sie heute so geschwitzt haben! Na los!"

Mike liest vor. *Mein kleines Mädchen ... Ich bin krank vor Sehnsucht ...* Merkwürdig, keiner findet es jetzt mehr komisch. Keiner lacht.

„Wegtreten!" sagt der Römer.

Freedom und der Schulhund

Einmal in der Woche fährt Herr Traube in die Kreisstadt, um Futter für die Tiere und was er sonst noch für den Zoo braucht einzukaufen. Manchmal darf Freedom ihn begleiten. Der Tierhändler freut sich, wenn er das Äffchen sieht. Er hat ein schlechtes Gewissen gehabt damals, als er Andy, diesem Jungen aus dem Landschulheim, das todkranke Äffchen überlassen hat. Was weiß man denn, was so ein Junge damit anfängt, selbst wenn er ein Tiernarr und offensichtlich sehr geschickt im Umgang mit seinen kleinen Schützlingen ist. Daß Freedom sich so prächtig erholt hat, versetzt den Tierhändler immer von neuem in Staunen und Begeisterung.

„Ein Prachtkerl, unser Kleiner", sagt er auch heute und streichelt dem Äffchen zärtlich über den Kopf. „Warte, der Onkel hat was für dich. Wenn Papa es erlaubt?" Fragend sieht er auf Herrn Traube, denn daß der sehr streng auf Freedoms Diät achtet, weiß er aus Erfahrung.

„Na, ausnahmsweise", brummt Herr Traube. „Ich werde ja selbst oft genug schwach, wenn er mich so flehend anschaut. Dabei müssen wir wirklich aufpassen, daß er nicht zuviel Fett ansetzt. Ein verfressenes kleines Stück . . ."

„Aber so ein liebes Kerlchen!"

Der Tierhändler kitzelt Freedom am Bauch. Freedom haßt es, am Bauch gekitzelt zu werden, aber da er die Schachtel mit den Schokoladenkeksen bereits entdeckt hat, läßt er es ohne Widerspruch geschehen.

„Ei, ei, ei, ja so ein liebes Kerlchen!" macht der Tierhändler, als hätte er es mit einem Säugling zu tun, und kitzelt noch einmal das pralle Bäuchlein des Affen.

Das liebe Kerlchen findet das nun doch lästig und beißt den Tierhändler ein bißchen in den Finger, gerade so viel, daß er nicht aus Ärger die Keksschachtel wieder verschwinden läßt. Herr Traube grinst, und der Tierhändler beeilt sich, Freedom in jede Hand einen Keks zu stecken. Freedom beginnt sofort, genüßlich zu mampfen und die Krümel gleichmäßig über Herrn Traubes T-Shirt zu verteilen.

„Übrigens hatte ich mal an ein neues Halsband für meinen Sohn gedacht", sagt Herr Traube. Er liebt es, Freedom als seinen Sohn vorzustellen.

„Aber natürlich! Da haben wir gerade so hübsche Sachen reinbekommen!“ Der Tierhändler wendet sich eifrig dem Ständer mit Hunde- und Katzenhalsbändern zu und läßt die Finger prüfend über das in allen Farbtönen schillernde Angebot an Glattem und Geflochtenem, Schmalem und Breitem, Goldbesticktem und mit glitzernden Steinchen Besetztem gleiten. Dann zieht er ein Pudelgeschirr aus weichem, himmelblauem Wildleder heraus.

„Wäre das nicht etwas? Ich würde es Ihnen zum halben Preis überlassen. Wildleder wird nicht so gern gekauft, es ist zu empfindlich, Sie verstehen. Aber als Ausgehanzug für unseren kleinen Freund hier . . .“

„Hm, die Farbe steht ihm gut“, lobt Herr Traube. „Probieren wir es mal.“

Freedom bekommt noch zwei Kekse, damit er stillhält, dann wird ihm das neue Geschirr angelegt. Es sieht wirklich wunderhübsch aus zu seinem braunen Fell. Dann legt Herr Traube dem Tierhändler seine Einkaufsliste hin, und sie beginnen, über andere Dinge zu reden.

Sie sind gerade in der schönsten Diskussion um die Qualität eines neuen Hühnerkraftfutters, als eine nicht mehr ganz junge, rundliche Dame den Laden betritt. In den Armen hält sie einen Welpen, der ein bißchen unglücklich um sich schaut.

„Ah ja, Frau Moser, grüß Gott!“ sagt der Tierhändler und schaut auch nicht besonders glücklich. „Der Hund, ja.“

„Ich habe ihn wirklich nirgends losgebracht“, sagt Frau Moser weinerlich, „und einschläfern lassen möchte man so ein nettes Tier doch nicht!“

„Nett ist er, ja wirklich, ein hübscher Kerl“, murmelt der Tierhändler und wirft einen fragenden Blick auf Herrn Traube, ob der nicht vielleicht . . .

Aber Herr Traube ist ganz in seine Liste vertieft.

„Na ja, dann nehme ich ihn halt“, seufzt der Tierhändler. „Obgleich ich im Moment wirklich nicht weiß, wie ich ihn ... Sie wissen niemanden, der einen Hund sucht, Herr Traube?"

„Wie? Ah so, ja ... nein, ich weiß niemanden, tut mir leid. Was ist denn?"

Frau Moser wird rosig im Gesicht.

„Ein Fehltritt unserer Bianca. Mit einem Schäferhund. Sie ist eine reinrassige Colliehündin. Fünf Welpen hat sie geworfen, die anderen haben wir alle gut untergebracht. Aber der hier ... mit seinem Schlappohr ..."

„Ach, das wird noch", tröstet der Tierhändler, der die Hoffnung auf Herrn Traubes weiches Herz setzt.

„Nett", sagt Herr Traube und streichelt den Welpen zärtlich. „So richtig selbstgestrickt, die mag ich am liebsten."

Die Augen der kugeligen Frau Moser leuchten auf.

„Ich schenke ihn Ihnen!"

„Nein, nein, unmöglich, ich kann wirklich keinen Hund nehmen! Und schon gar keinen Welpen!"

Frau Moser ist dem Weinen nahe. Der Tierhändler schaut betrübt zu Boden. Herr Traube sieht unglücklich aus. Und Freedom läßt den kleinen Hund nicht aus den Augen.

„Na, geben Sie schon her", brummt der Tierhändler. „Ich werde sehen, was ich machen kann."

Er nimmt Frau Moser den Welpen aus dem Arm und trägt ihn durch den Laden auf den Hinterhof. Da gibt es eine Reihe kleiner Zwinger, zum Teil mit Stroh ausgelegt und mit kleinen Hundehütten darauf. Der Tierhändler setzt den Welpen vorsichtig ins Stroh, und die anderen stehen drumherum und schauen ihm zu. Das Hundekind bekommt eine Schale mit Wasser, und der Tierhändler verspricht, ihm gleich etwas Futter zu bringen, wenn er mit dem Herrn aus dem Landschulheim fertig ist. Frau Moser wischt sich verstohlen ein paar Tränen ab, und Herr Traube wendet sich ab und geht in den Laden zurück, um nicht doch noch weich zu werden.

Als der Tierhändler sämtliche Tüten und Kartons in Herrn Traubes Auto verstaut und Herr Traube die Rechnung bezahlt hat, wird Freedom auf dem Rücksitz des Wagens auf seine Decke gesetzt und angebunden.

„Bleib schön da sitzen und mach keinen Blödsinn", mahnt Herr Traube. „Papa läßt das Fenster auf, wegen der Hitze. Ich bin gleich wieder da, muß nur noch schnell zum Bäcker. Ja ja, ich bringe dir auch was mit", fügt er hinzu, als er den abgrundtiefen Kummer in Freedoms Augen sieht. „Du hast mich schon wieder rumgekriegt."

Herr Traube überquert die Straße und verschwindet in der Bäckerei. Freedom schaut ihm bekümmert nach.

Frau Moser kommt aus dem Laden des Tierhändlers. Hinter ihr wird die Tür abgeschlossen. Es ist Mittag – der Tierhändler läßt die Rolläden herunter und geht in seine Wohnung hinauf, wo seine Frau mit dem Essen wartet. Auf der Straße wird es still. Ein Laden nach dem anderen schließt, nur drinnen beim Bäcker steht noch eine Schlange.

Freedom langweilt sich. Er beginnt, sich für sein neues Geschirr zu interessieren. Das Leder ist weich und schmiegsam. Freedom spielt ein bißchen daran herum und bemerkt, daß man es über den Kopf ziehen kann wie den Pullover, den er damals bei dem ständig betrunkenen Drehorgelspieler immer tragen mußte. Freedom hält das Geschirr in der Hand, streichelt das weiche Leder und kaut ein bißchen drauf herum. Dann wird auch dieses Spiel langweilig, und er sieht sich nach etwas anderem um.

Ganz gemächlich schwingt er sich durch das Fenster und springt auf das Autodach. Das Blech glüht in der prallen Sonne, Freedom schimpft ärgerlich vor sich hin und springt zurück auf die Straße.

Das hohe Eisentor zum Hinterhof des Tierhändlers ist ein herrliches Klettergerüst, für einen ausgewachsenen Affen allerdings schon fast zu kindisch. Aber hinter dem Tor locken zwei hohe Kastanien und kühlender Schatten. In zwei Sätzen ist Freedom hinüber.

Als Herr Traube zurückkommt, beide Arme voller Tüten, ist das Auto leer, keine Spur von dem Äffchen, nur das hübsche blaue Geschirr liegt auf dem Rücksitz.

„Verdammt!" entfährt es Herrn Traube. „Verdammt und zugenäht, ich hätte es wissen müssen!"

Er läßt die Tüten mit Brot, Mehl, Keksen und Kuchen auf den Sitz fallen und sieht sich um.

„Freedom! Freedom, komm her!" ruft er. „Komm, Papa hat was Feines für dich gekauft!"

Kein Laut, der verraten würde, daß Freedom in der Nähe ist.

Da gibt es nur ein Mittel. Es hat bisher immer geholfen. Herr Traube nimmt eine der Kuchentüten heraus, hebt sie ein wenig über seinen Kopf, damit das Geräusch weithin zu hören ist, und knistert mit dem Papier.

Nichts geschieht, alles bleibt still.

„Er ist tatsächlich abgehauen", murmelt Herr Traube und spürt, wie die Angst um seinen kleinen Freund in ihm hochsteigt.

Wo soll er anfangen zu suchen? Die Tierhandlung ist geschlossen. Herr Traube wirft einen Blick durch das Gitter des Tors in den Hinterhof, aber auch hier ist alles still. Im dichten Blättergewirr der Kastanien ist nicht viel zu erkennen, aber wenn Freedom dort gesessen hätte, als er mit der Kuchentüte knisterte, wäre er sicher sofort gekommen. Er muß die Straße hinuntergelaufen sein. Aber in welche Richtung?

Herr Traube beginnt zu suchen. Er ruft, schaut in jeden Winkel, durchforscht die Hinterhöfe, blickt suchend zu den Bäumen hinauf, sieht sich hinter Mülltonnen und auf Spielplätzen um und bückt sich neben jedem parkenden Auto, um hinunterzusehen. Er ruft in offenstehende Fenster hinein, ob man nicht dort einen Affen gefunden habe, so daß die Leute sich kopfschüttelnd fragen, wie man am hellichten Mittag schon so betrunken sein könne, und spricht die wenigen Passanten an, die um diese Zeit unterwegs sind.

„Einen Affen? Du hast wohl einen sitzen, wie?“ raunzt ein alter Mann.

Ein junges Mädchen weicht ihm ängstlich aus und beschleunigt ihre Schritte.

„Du solltest mal zum Arzt gehen, mein Junge. Hier gibt's keine Affen“, brummt ein vom Dienst kommender Eisenbahner.

Und eine Dame fragt besorgt: „Ist Ihnen nicht gut?“

„Klar! Ein Dutzend Affen hab ich gesehen!“ lacht ein junger Mann. „Alle mit grünen Köpfen und blauen Hinterteilen! Und ein paar hatten Pferdefüße!“

Herr Traube ist verzweifelt. Es hilft nichts, er muß zur Polizei gehen und eine Suchmeldung aufsetzen. Niedergeschlagen tritt er den Weg zu seinem Auto an.

Freedom hat oben in der Kastanie gesessen und sich ein wenig schaukeln lassen. Dann ist sein Blick auf den Hinterhof gefallen – genauer gesagt, auf einen der Zwinger, in dem ein kläglich winselndes Fellbündel im Stroh hockt. Das Hundekind, das ihn schon vorhin so beeindruckt hat.

In Sekundenschnelle ist Freedom auf dem Nachbarbaum, um von dort auf das Garagendach und weiter über den Schuppen in den Zwinger zu gelangen. Er läßt sich neben dem kleinen Hund nieder und beginnt, ihn vorsichtig zu befühlen. Das beschäftigt ihn so, daß er nicht einmal hört, wie vorn auf der Straße nach ihm gerufen wird und das verlockende Geräusch einer knisternden Tüte ertönt.

Freedom rutscht ein wenig näher und beginnt, das Hundekind nach Flöhen abzusuchen. Leider hat es keine, so genau Freedom auch Haarbüschel für Haarbüschel untersucht.

Jetzt versucht der Affe, mit dem wuscheligen Kameraden Fangen zu spielen, er schwingt sich von einer Seite des Zwingers auf die andere und wartet darauf, daß der Kleine es ihm nachmacht. Doch der ist scheinbar zu dumm dazu, er springt nur winselnd und japsend am Gitter hoch und versucht, mit Vorderpfoten und Schnauze den Affen zu erreichen.

Für Freedom ist es klar: Dem kleinen Hund gefällt es hier drinnen nicht. Und da er offensichtlich zu dumm ist, über den Draht zu klettern, muß man ihm helfen.

Freedom läßt sich in den Zwinger hinunter, schlingt einen Arm um das Hundekind, drückt es fest an seine Brust und klettert wie der Blitz über den Zaun. Der kleine Hund ist vor Schreck ganz starr. Freedom schnattert beruhigend auf ihn ein. Er läuft, den Hund immer noch fest an sich gepreßt, über den Hof bis zum großen Tor. Seine blitzenden, schwarzen Äuglein wandern aufmerksam von einer Seite zur anderen. Kein Mensch ist auf der Straße zu sehen, selbst die Autos am Straßenrand scheinen dösend Mittagsruhe zu halten.

Freedom drückt den Kleinen noch ein wenig fester an sich. Der quiekt ängstlich, aber ehe er merkt, was mit ihm geschieht, ist Freedom schon über das Tor geklettert und schwingt sich durch das offene Fenster auf seinen gewohnten Platz auf dem Rücksitz von Herrn Traubes Wagen.

Herr Traube hat in seiner Sorge um den kleinen Freund die Tüten mit Gebäck achtlos auf dem Sitz liegengelassen. Freedom ist begeistert. Ritschratsch hat er das Papier von einem Kuchenpaket aufgerissen und greift mit beiden Händen nach einem Stück Erdbeertorte. Der kleine Hund wühlt seine Nase in die sahnige Füllung des Bienenstichs. So halten sie Mittagsmahl, bis ihre Bäuche an zu klein geratene Fußbälle erinnern. Die Reste des Festtagsschmauses schubst Freedom vom Sitz.

Ein gutes Essen macht müde. Der kleine Hund rollt sich in einer Ecke zusammen und ist sofort eingeschlafen. Freedom

Wie der Blitz klettert Freedom mit dem Hundekind über den Zaun

breitet seine Decke über ihm aus und kuschelt sich daneben.

Als Herr Traube kurz darauf zu seinem Wagen zurückkehrt und nach seinem Autoschlüssel tastet, fällt sein Blick auf die zusammengerollte kleine Gestalt auf dem Rücksitz.

„Mein Gott, das ist doch nicht möglich! Freedom! Freedom ... er schläft, wie süß!" Herr Traube lacht erleichtert und glücklich, ihm fällt ein Stein vom Herzen. „Und gegessen hat er auch schon. Ach, mein Kleiner, wenn du wüßtest, was du mir da angetan hast ... na egal, jetzt machen wir aber, daß wir nach Hause kommen. Schlaf du nur ruhig weiter."

Mit einer Stunde Verspätung kommt Herr Traube am Kutscherhaus an. Die ganze Zoogruppe wartet bereits auf ihn, um beim Ausladen zu helfen.

„Pschscht!" macht Herr Traube. „Freedom schläft, er muß furchtbar müde sein!"

Und dann erzählt er von seinem Abenteuer. Andy, Joy, Angelika – alle umringen ihn, nur Florian ist ans Auto herangetreten, um einen Blick auf den versprochenen Kuchen zu werfen.

„Was ist denn das?" unterbricht Florians Aufschrei Herrn Traubes Erzählung.

„Ach ja, tut mir leid, Kinder, ich muß euch gestehen: Freedom hat nicht viel von eurem Kuchen übriggelassen."

„Das meine ich nicht." Florian taucht blitzschnell in das Wageninnere und holt den kleinen Hund heraus. „Den da meine ich!"

„Was ist denn das?" ruft nun auch Herr Traube und starrt mit offenen Augen auf das Hundebaby. „Allah ist groß ..."

„Ein Hund! Wir haben endlich einen Schulhund! Das finde ich Spitze!" jubelt Andy. „Wo haben Sie den her?"

„Keine Ahnung ... ich meine ... doch ja, aber ... ich weiß gar nicht, wie ... Freedom muß ihn mitgenommen haben!"

„Sie meinen, er hat ihn geklaut?" fragt Joy erschrocken. „Dann können wir ihn also nicht behalten?"

„Ja doch, also, ich denke, das wird sich machen lassen."

Herr Traube stottert noch immer, so überrascht ist er, und dann erzählt er den Kindern, was er über die Herkunft des kleinen Hundes weiß.

„Wir haben einen Schulhund! Endlich!" wiederholt Andy immer von neuem und drückt den kleinen Kerl zärtlich an sich. „Und was für einen hübschen!"

„Vorsicht, er läuft aus!" mahnt Joy. „Setz ihn schnell runter!"

„Dem werden wir wohl erst mal was gegen Magenstörungen geben müssen", seufzt Herr Traube und schaut kopfschüttelnd auf den Neuzuwachs. In Gedanken sieht er sich die kommenden Wochen ständig mit Eimer und Wischlappen durch die Räume des Zoos laufen. „Na ja, Schicksal, da kann man nichts machen. Ich rufe jetzt den Tierhändler an."

„Wie wollen wir ihn nennen?" fragt Angelika.

„Hm", Andy schaut von einem zum anderen. „Was haltet ihr von Lucky? Lucky – weil er glücklich sein kann, daß er bei uns gelandet ist!"

K. o. für Andy Superstar

„Wißt ihr, wie ihr mir vorkommt?" Angelika hält auf dem Treppenabsatz an, um zu Atem zu kommen. „Wie ein Haufen frommer Klosterschwestern bei der Morgenandacht!"

Hexi, Joy und Sabine lachen gequält. Angelika hat recht, seit dem Aufwachen murmeln sie Lateinvokabeln und Grammatikregeln wie Beschwörungsformeln vor sich hin. Aber was soll man machen, wenn eine so schwierige Latein-Schularbeit droht?

„Du hast gut reden", seufzt Joy. „Du bist in Latein einsame Spitze. Aber ich?"

„Unsinn!" widerspricht Angelika. „Ich habe euch doch gestern so gründlich abgehört. Ihr habt überhaupt keinen Grund, in Panik zu geraten!"

„Na, ich weiß nicht", seufzt Hexi. „Mit mir ist das ganz komisch. Ich kann eine Sache noch so gründlich gepaukt haben, wenn dann die Aufgaben vor mir liegen, ist hier oben alles eine einzige gähnende Leere! Ein schwarzes Loch!"

„Das kannst du wohl pfeifen", meint Joy. „Ich hab immer das Gefühl, als fischte ich in einem schwarzen Tümpel, in der Hoffnung, daß ich die richtige Lösung erwische."

„Nun übertreibst du aber! Du hast doch gestern alles was heute in der Arbeit drankommt, wie im Schlaf gekonnt!" sagt Angelika lachend.

„Meinst du wirklich?"

„Ich glaube nicht, daß ich heute beim Frühstück einen Bissen runterkriege", stöhnt Sabine. „Ich kann noch so gut gelernt haben, mir ist jedesmal ganz schlecht vor Aufregung."

„Und ich habe vor lauter Verzweiflung doppelt soviel Appetit wie sonst. Das geht mir immer so: Wenn ich Kummer oder Ärger habe, könnte ich pausenlos in mich hineinfressen, egal, was es ist", sagt Bruni, die hinter ihnen geht. „Ein Segen, daß es nicht allzu viele Schulaufgaben gibt, sonst wäre ich bald genauso dick wie früher!"

„Ächz-seufz-stöhn", murmelt Hexi. „Warum brechen an so einem Tag nicht mal die Windpocken aus? Oder die Grippe? Aber so was passiert natürlich nur, wenn man sich gerade auf einen Ausflug gefreut hat."

Sie sind inzwischen bis zum ersten Stock hinuntergekommen. Joy und Sabine gehen vor, Hexi neben Angelika.

Bruni und Anja setzen gerade an, die Gruppe links zu überholen, da wird hinter ihnen eine Tür aufgerissen. Zwei von den Kleinen aus der Fünften stürzen juchzend aus der Wohnung, von zwei weiteren Mädchen gejagt, und rasen auf die Treppe zu.

Es geht alles so schnell, daß hinterher keiner mehr sagen

kann, wie es eigentlich passiert ist. Die beiden haben offensichtlich nicht damit gerechnet, daß die Treppe versperrt ist und können nicht mehr bremsen. Wie Raketen schießen sie in die Gruppe um Angelika hinein. Anja taumelt vorwärts, Bruni kämpft um ihr Gleichgewicht und erwischt im letzten Moment noch das Geländer. Sabine und Joy drücken sich erschrocken zur Seite. Hexi will Angelika stützen, bekommt einen heftigen Stoß und sucht nach einem Halt. Dieser vermeintliche Halt ist eine von Angelikas Krücken, sie gerät Angelika zwischen die Füße. Zugleich bekommt Angelika von einer der Kleinen ebenfalls einen solchen Stoß, daß ihre rechte Hand vom Treppengeländer gerissen wird und sie über die Stufen in die Tiefe kullert, polternd begleitet von ihren Krücken. Es sieht aus, als ob eine übergroße Marionette durch die Luft wirbelt.

Auf den untersten Stufen bleibt Angelika benommen liegen. Genau vor Anja, die sich bei dem Getöse entsetzt umgedreht hat.

Joy, Hexi und Sabine sind einen Augenblick wie gelähmt, sie stehen fassungslos da, dann springen sie die Treppe hinunter und umringen Angelika.

„Ist sie tot?“ flüstert eine der beiden Übeltäterinnen hinter ihnen. Ihr Gesicht ist leichenblaß.

„Das habe ich nicht gewollt, wirklich nicht“, heult die andere los.

„Klar habt ihr das nicht gewollt!“ faucht Joy. „Nun steht hier nicht so blöd rum, holt Schwester Irmgard, aber ein bißchen schnell!“

„Wir . . . wir haben doch bloß gewettet, wer als erste im Speisesaal ist“, verteidigt sich das Mädchen.

„Na, nun wißt ihr's. Ich!“ sagt Angelika und schlägt die Augen auf. „So schnell bin ich noch nie eine Treppe runtergekommen!“ Stöhnend versucht sie, sich aufzurichten.

Joy, Hexi und Sabine atmen erleichtert auf. Dann heben sie

Angelika vorsichtig hoch. Inzwischen strömen von allen Seiten Neugierige heran.

„Haut ab, die Vorstellung ist schon vorbei!" knurrt Angelika. „Hier gibt's nichts zu glotzen. Nun macht schon, daß ihr wegkommt!"

„Tut dir was weh?" fragt Joy besorgt.

„Ja, alles, aber das macht nichts. Stellt mich auf die Beine, und dann gehen wir endlich frühstücken."

Die Neugierigen verkrümeln sich. Hexi und Sabine heben Angelika vorsichtig hoch und reichen ihr die Krücken.

„Du bist echt hart im Nehmen", staunt Joy. „Hast du dich wirklich nicht verletzt? He, du blutest ja!"

„Wo?"

„Da, am Auge!"

„Ach, die kleine Schramme! Ist doch wurscht."

„Die Augenbraue ist aufgeplatzt, da muß ein Pflaster drauf", stellt Sabine fachmännisch fest. „Da kommt Schwester Irmgard, die macht das gleich."

„So ein Theater wegen so 'ner Kleinigkeit!" mault Angelika. Aber die Wunde am Auge blutet von Sekunde zu Sekunde stärker.

„Sei nicht albern. Ein Boxkampf wird auch unterbrochen, wenn einer am Auge blutet und nichts mehr sehen kann!"

Schwester Irmgard kommt und führt Angelika zu der Bank am Fenster.

„Du scheinst einen gut trainierten Schutzengel zu haben", meint sie lächelnd. „Na komm, betrachten wir die Sache mal bei Licht. Ist dir wirklich sonst nichts passiert?"

„Außer einem Dutzend blauer Flecken nichts. Aber an die bin ich gewöhnt."

„Alle Achtung. Dreh mal den Kopf zum Fenster, damit ich was sehen kann. Und ihr anderen geht zum Frühstück, Angelika kommt gleich nach."

„He, wartet mal!“ ruft Angelika den Freundinnen nach. „Wollt ihr mir einen Gefallen tun? Sorgt dafür, daß mein Flugversuch nicht überall breitgequatscht wird, okay? Ich kann das auf den Tod nicht leiden.“

„Okay, mach dir keine Sorgen.“

„Wir werden sagen, du gehst immer so die Treppe runter“, sagt Joy lachend. „Und an Sonn- und Feiertagen auch rauf.“

„Danke. Und macht mir schon mal eine Semmel zurecht.“

Ihr ist gar nicht danach zumute, etwas zu essen. Wenn sie ganz ehrlich ist, möchte sie sich am liebsten in ein verdunkeltes Zimmer verkriechen, sich in ein sehr weiches Bett legen und ein paar Stunden lang keine Menschenseele sehen. Aber sie würde sich eher die Zunge abbeißen, als das zuzugeben. Stärke und Humor zu beweisen ist das einzige, womit sie den anderen imponieren kann, das hat sie eben wieder erkannt. Eine witzige Bemerkung, und das Entsetzen in den Gesichtern der Mädchen war wie weggeblasen. Egal wie schlecht sie sich fühlt, sie muß das durchhalten!

Angelika zwingt sich, sich ihre Schmerzen nicht anmerken zu lassen. Mit eiserner Selbstbeherrschung stopft sie eine belegte Semmel in sich hinein, trinkt etwas und geht mit den anderen ins Klassenzimmer. Schwester Irmgard hat ihr ein großes Pflaster über die geplatzte Augenbraue geklebt und die Hautabschürfungen mit Jod betupft. Joy und Hexi haben dafür gesorgt, daß niemand lästige Fragen stellt. Nur Mike kann sich wie immer eine Bemerkung nicht verkneifen.

„He, Angelika“, sagt er, „hab ich mir doch gleich gedacht, daß du das warst! Hab's heute früh im Radio gehört.“

„Was?“

„Daß einer versucht hat, es mit einem Lastwagen aufzunehmen. Möbeltransport. Der Möbelwagen hat Totalschaden.“

„Pah, von der Sorte schaff ich zwei“, sagt Angelika lachend. „Mit links!“

Die Lateinstunde geht vorüber und mit ihr die gefürchtete Schularbeit. Jetzt können sie alle gar nicht mehr verstehen, warum sie sich so aufgeregt haben. Den Rest des Unterrichts bringen sie in einer solchen Hochstimmung hinter sich, daß sie gar nicht sehen, wie still und blaß Angelika ist.

Keiner bemerkt, daß sie während des Sportunterrichts nicht wie gewohnt am Rande des Spielfeldes sitzt, sondern sich für mehr als eine halbe Stunde in der Toilette einschließt. Als Pepsi sich beim Mittagessen besorgt nach ihrem Befinden erkundigt, zwingt Angelika sich zu einem Lachen und sagt, sie fühle sich fabelhaft, sie würde in Zukunft öfter versuchen, den Speisesaal im Fluge zu erreichen.

In der Freistunde ist sie wie immer mit Andy im Zoo verabredet. Ihm wird sie als einzigem erzählen, wie ihr wirklich zumute ist, das hat sie sich vorgenommen. Daß ihr ganzer Körper vor Schmerz zu brennen scheint, daß ihr Kopf dröhnt, als hätte sie ihn unter die Räder eines Eisenbahnzuges gelegt, und daß sie sich so schwach fühlt, daß sie kaum noch gehen kann.

„Hallo!" begrüßt Andy sie strahlend. „Du siehst unheimlich verwegen aus mit dem Pflaster überm Auge! Wie ein Pirat oder ein Feldherr, der gerade eine siegreiche Schlacht geschlagen hat. Fein, daß du da bist, ich habe schon so auf dich gewartet! Ich weiß nicht, wo mir der Kopf steht vor lauter Arbeit. Herr Traube ist in die Stadt gefahren, drei unserer Mütter werfen heute, Lucky hat Durchfall, und mit den Zwerghuhnküken ist was nicht in Ordnung!"

„Ach . . ."

Angelika schweigt betroffen. Sie war doch hergekommen, um sich mit Andy auszusprechen, um ihm zu erzählen, wie hundeelend sie sich fühlt, und daß es die anderen nicht merken dürfen. Sie hat gehofft, er würde sie trösten und ihr helfen. Nun sieht er nicht einmal, wie blaß sie ist, und welche Mühe sie das Laufen gekostet hat.

Bisher hat Andy ihr immer Mut gemacht, wenn sie auch zugeben muß, daß es anstrengend war, seine Forderungen zu erfüllen. Er glaubt, daß sie nur tüchtig trainieren müsse, um jeden Tag Fortschritte im Laufen zu machen und beweglicher zu werden. Jeden Tag hat er ihr Aufgaben gestellt, die vom einen Mal zum anderen ein bißchen schwieriger wurden. Sie hat alles mitgemacht, denn sie glaubt an ihn, und um nichts in der Welt möchte sie ihn enttäuschen. Nicht auszudenken, was geschähe, wenn Andy das Interesse an ihr verlöre!

Heute hat sie geglaubt, er würde Fragen stellen, wissen wollen, was denn bei dem Sturz wirklich passiert ist. Und ein bißchen hat sie auch gehofft, er würde vielleicht, ohne zu fragen, erkennen, wie es um sie steht, würde ihr den Arm um die Schultern legen und sie streicheln und ihr gut zureden.

Aber Andy hat Sorgen, Andy ist in seinen Gedanken bei dem Mutterschaf, das heute lammen soll, und bei den Meerschweinchenmüttern. Er hat auf sie gewartet, weil er dringend Hilfe braucht, denn sonst ist niemand da von der Zoogruppe, die anderen sind alle beim Sport oder beim Baden.

„Du könntest mir bei etwas Wichtigem helfen", kommt Andy denn auch sofort zur Sache, ohne Angelika anzusehen. „Es ist eine Medizin beim Tierarzt abzuholen, und ich kann hier nicht weg. Würdest du das für mich tun?"

„Zum Tierarzt? Aber das ist doch . . ."

„Es ist nicht so weit, wie du denkst! Du schaffst es leicht, du brauchst dich ja nicht abzuhetzen!"

„Aber Andy, ich bin heute schrecklich müde, weißt du, ich glaube . . ."

„Unsinn!" Andy lacht sie aufmunternd an. „Warum bist du immer so kleinmütig und traust dir nichts zu? Wovor hast du Angst? Du schaffst es, ich weiß es, du mußt nur ganz fest wollen! Und du sollst mal sehen, wie toll du dich fühlst, wenn du es hinter dich gebracht hast! Es wird ein richtiger Sieg für dich sein. Ein Schritt weiter zu einem ganz normalen Leben, glaube mir!"

„Ich glaube dir ja, Andy, und ich weiß natürlich, daß du recht hast, aber . . ."

„Na also. Du mußt dir immer sagen: wenn man will, schafft man alles!"

„Gut, Andy, wenn du meinst. Und was muß ich holen?" fragt Angelika und zwingt sich zu einem Lächeln.

„Es sind nur zwei kleine Flaschen und ein Pulver. Nichts Schweres, du kannst es dir in die Rocktasche stecken. Aber wir brauchen die Sachen dringend! Du weißt doch, wo der Tierarzt wohnt?"

„Bis zur Landstraße vor, ein Stück weit rechts und dann gleich das erste Haus auf der anderen Seite der Straße, nicht wahr?"

„Richtig. Laß dir Zeit. Bezahlen mußt du nichts, er schickt uns später eine Rechnung über alles, was wir im letzten Vierteljahr gebraucht haben."

Aus dem Schafstall kommt dumpfes Blöken. Andy winkt Angelika noch einmal zu und stürzt hinüber. Es ist die erste Geburt eines Lämmchens, bei der er dabei ist, und er ist ziemlich aufgeregt.

Angelika macht sich auf den Weg. Es ist eine Frage des Willens, sagt sie sich. Andy hat recht. Er hat mir soviel erzählt von Leuten, die sich schwerverletzt tagelang durch die Wüste oder durch den Dschungel geschleppt haben, in dem festen Willen zu überleben, was ist das hier schon dagegen. Ein Spaziergang! Oder der Mann, der viele Jahre im Kerker gelegen hat, mit schweren Eisenketten gefesselt. Der eiserne Ring um seinen Hals war so schwer, daß er ihn mit den Händen halten mußte, um nicht vor Schmerzen verrückt zu werden! Und er hat trotzdem durchgehalten, weil er den festen Willen hatte! Ich dagegen . . .

Aber ich werde auch verrückt vor Schmerzen, denkt sie. Ich

habe den festen Willen, es zu schaffen, aber die Schmerzen machen, daß ich gar nicht mehr klar und fest wünschen kann, es zu schaffen! Sie sind wie ein Nebel, wie ein dicker grauer Brei. Wie eine zähe Gummimasse, die mich am Boden festhält und zieht und immer wieder zieht. Ich muß weiter. Ein Schritt. Und noch ein Schritt. Vielleicht sollte ich meine Schritte zählen. Immer nach zehn Schritten gibt's eine Belohnung, da verschnaufe ich. Und nach fünfundzwanzig darf ich mich hinsetzen. Nein, besser nicht hinsetzen, vielleicht schaffe ich es nicht mehr, allein aufzustehen.

Positives denken, sagt Andy. Immer nur gute, bejahende Sätze denken. Ich bin stark. Meine Beine sind stark und kräftig. Meine Arme sind stark und kräftig. Mein Wille ist unheimlich stark, ich kann alles, was ich will. Mein Wille wird mit allem fertig! Ich bin gesund. Ich laufe, ich springe und hüpfe so leicht wie ein Reh. Ja, ich bin ein Reh und springe in großen Sätzen über die Wiese. Das Gras unter meinen Hufen ist feucht und kühl. Und die Luft ist frisch und angenehm ...

Die Träume helfen. Schritt für Schritt kommt Angelika vorwärts. Da ist die Landstraße. Ich will gleich auf die andre Straßenseite hinüber, denkt sie, dann habe ich das Schlimmste hinter mir. Sie sieht nicht die Kurve mit dem Buckel dahinter, der den Autofahrern die Sicht versperrt.

Mühselig schiebt sie sich über den in der Nachmittagssonne glühenden Asphalt. Das grelle Sonnenlicht flimmert vor ihren Augen. Immer wieder hat sie sich nach allen Seiten umgesehen, ob die Straße frei ist, bevor sie sie betreten hat, jetzt ist sie ganz darauf konzentriert, vorwärts zu kommen. Und so sieht sie auch das Auto nicht, das sich aus der Kurve mit rasendem Tempo nähert. Sie hört es nicht einmal.

Erst als die Bremsen dicht vor ihr aufquietschen wie ein sehr hoher, gespenstischer Entsetzensschrei, wird ihr bewußt, was da geschieht. Für den Bruchteil einer Sekunde sieht sie den Wagen

Angelika sieht und hört das Auto nicht,
das auf sie zukommt

und das erstarrte Gesicht des Fahrers. Ein dumpfer Stoß, sie empfindet ihn nur wie einen freundschaftlichen Schubs, und sie rollt in den Straßengraben. Mit einem Gefühl unendlicher Erleichterung läßt sie sich in die Dunkelheit fallen, die sie jetzt umhüllt. Wie schlafen gehen nach einem viel zu langen, anstrengenden Tag ist es.

Andy weiß, was geschehen ist. Er weiß es, als er die Sirene des Krankenwagens unten auf der Landstraße hört. Er läßt alles stehen und liegen und stürzt davon. Aber als er atemlos zur Straße kommt, ist schon alles vorbei, sie haben Angelika ins Krankenhaus abtransportiert. Ein Polizist nimmt noch das Protokoll auf, und der Autofahrer beteuert wieder und wieder seine Unschuld. Ein paar Neugierige stehen herum, doch keiner kann Andy sagen, was wirklich passiert ist. Aber das brauchen sie auch nicht. Die zersplitterten Krücken im Straßengraben sagen genug ...

Andy hetzt den Weg zurück, den er gekommen ist. Er rennt, wie er in seinem Leben noch nicht gerannt ist. Am Kutscherhaus vorbei, durch den Park, über die Einfahrt. In der Halle rempelt er ein paar Mädchen an, er merkt es nicht. Er rast die Treppe zur Wohnung hinauf, nimmt zwei, drei Stufen auf einmal und stolpert durch die Tür. Sein Gesicht ist naß von Schweiß und Tränen.

Der Wikinger sitzt an seinem Schreibtisch und blättert in Berichten. Andy ist so außer Atem, daß nur ein Schwall von unverständlichen Worten, unterbrochen von Keuchen und Husten, aus ihm herauskommt. Bolko Hansen braucht lange, bis er auch nur einen Zipfel des Fadens dieser Geschichte erwischt.

„Nun beruhige dich doch erst mal, Junge! Langsam! Was ist mit Angelika? Ihr ist etwas zugestoßen, sagst du?"

„Ja!!" Andy brüllt es fast heraus. „Sie ist angefahren worden ... von einem Auto ... auf der Landstraße!"

Der Wikinger wird blaß.

„Wie um alle Welt kommt das Mädchen auf die Landstraße?

Das muß sie doch wissen, daß das lebensgefährlich für sie ist! Konntet ihr sie nicht davon abhalten? Ist denn keiner mitgegangen?"

„N-n-nein", stammelt Andy.

Der Wikinger springt auf.

„Ja, um Himmels willen, Andy, das hättet ihr doch niemals zulassen dürfen! Und das heute! Nachdem sie schon einmal so schwer gestürzt ist! Wo ist sie jetzt?"

„Im Krankenhaus, sie haben sie abtransportiert. Ich habe die Sirene gehört, und da bin ich hin. Aber da waren sie schon mit ihr abgefahren. Ich .. ich habe das irgendwie gefühlt, daß es was mit Angelika zu tun haben muß, deswegen bin ich gleich losgelaufen . . ."

„Hast du gewußt, daß sie ins Dorf wollte?"

„Ja, ich . . ." Andy beißt sich auf die Lippen. Ihm ist hundeelend zumute, aber er weiß, er muß es sagen, keine Minute länger darf er zögern. „Ich . . . ich hab sie doch selber hingeschickt! Zum Tierarzt! Ich bin schuld!" schreit er heraus. Dann dreht er sich weg und wirft sich schluchzend gegen die Tür.

Eine Weile ist es totenstill im Zimmer.

„Nein", sagt der Wikinger plötzlich leise. „Nein, Andy, das kann nicht sein. So etwas würdest du nicht tun."

„Ich hab's aber getan! Ich habe gedacht, sie schafft es! Sie kann es, wenn sie nur will, es wird ihr Mut machen, wenn sie sieht, daß sie so Sachen machen kann . . . wie ein normaler Mensch . . . es . . . es würde ihr mehr Selbstvertrauen geben, hab ich gedacht!"

„Andy! Deine guten Absichten in allen Ehren, aber bist du denn blind? Warum gerade heute – wo sie sich ohnehin kaum auf den Beinen halten konnte! Nach dem schweren Sturz heute morgen!"

„Schweren Sturz?"

„Sie ist heute vor dem Frühstück die Treppe runtergefallen,

jemand hat sie angerempelt, und sie hat das Gleichgewicht verloren. Das . . ."

„Das habe ich nicht gewußt." Andy dreht sich um und starrt den Wikinger entsetzt an. „Sie hat mir nur gesagt, sie wäre hingefallen und hätte sich ein bißchen gestoßen. Sie hat so getan, als wäre nichts weiter . . ."

„Klar hat sie das, weiß ich. Sie versucht halt auf ihre Art tapfer zu sein und euch zu imponieren. Sie will um jeden Preis ‚normal' sein! Aber gerade du, Andy . . . du hast doch Augen im Kopf! Ihr seid Freunde, ihr seid jeden Tag zusammen, ein Blick hätte doch genügt, um zu sehen, wie es um sie stand!" Der Wikinger lacht hart auf. „Und ich Trottel habe Frau Kolar noch geraten, Angelika zu dir ins Kutscherhaus gehen zu lassen. Sie wollte sie nämlich eigentlich ins Bett stecken. ‚Lassen Sie sie ruhig zu Andy gehen', hab ich gesagt, ‚der ist die beste Medizin für sie.' Was zum Teufel war denn los im Zoo, daß ausgerechnet Angelika für euch zum Tierarzt mußte?"

„Ich war allein, Herr Traube ist in die Stadt gefahren. Und sonst war auch niemand da. Das Mutterschaf soll heute lammen, ich wollte es gerade jetzt nicht allein lassen", verteidigt sich Andy.

„Hätte nicht Angelika genausogut bei dem Schaf bleiben können? Du wärst doch in weniger als einer halben Stunde zurückgewesen!"

Andy senkt den Kopf.

„Ach so! Ich verstehe. Du wolltest nicht weg, um das große Ereignis nicht zu verpassen?" Der Wikinger fährt sich nervös mit der Hand über das Gesicht und durch die Haare. „Mannomann, das war ein Tiefschlag. Das muß ich erst mal verdauen. Weiß Frau Kolar schon Bescheid?"

„Ich glaube nicht."

„Dann gehe ich jetzt rüber."

„Soll ich mitkommen?"

„Du geh zu deinem Mutterschaf. Wir sprechen uns später noch."

Die Wohnungstür knallt ins Schloß, daß die Wände zittern. Andy ist allein. Vom Sportplatz her, aus dem Park und vom Weiher drüben hört man die anderen jubeln und schreien.

„Tiefschlag", murmelt Andy. „Ja. Für mich. Ich bin fertig für immer, am Boden, k. o.! Für alle werde ich erledigt sein. Und sie haben recht! Wer so was tut, der . . . der . . . lieber Gott, ich wollte das doch nicht! Ich hab doch wirklich nur gewollt, daß sie immer mehr Mut kriegt, und daß sie jeden Tag ein bißchen besser laufen kann! Warum hat sie denn nichts gesagt von dem Unfall? Sie hätte doch bloß ein Wort zu sagen brauchen, dann . . ."

Verzweifelt haut Andy mit der Faust gegen die Tür. Von neuem laufen ihm die Tränen über das Gesicht. Alle werden ihn jetzt verachten. Er, Andy, der King, der Superstar, der bewunderte, hat versagt, hat sich herzlos und blind und dumm verhalten. Es wäre so gut, wenn er jetzt die Schuld von sich abschieben könnte, auf Angelika, die ihm nichts von dem Treppensturz gesagt hat, oder auf die anderen, die nicht zum Helfen in den Zoo gekommen, sondern lieber auf den Sportplatz gelaufen oder zum Baden gegangen sind. Aber er fühlt, daß das eine Lüge wäre. Natürlich ist er allein schuld.

Hat er nicht ganz allein Angelika zu immer neuen Hochleistungen angestachelt? Hat er sie jemals gefragt, ob ihr etwas zuviel würde, ob sie sich kräftig genug fühle? Er hat sich immer nur geschmeichelt gefühlt, daß sie ihn so bedingungslos anbetet, daß sie bereit war, alles für ihn zu tun. Sie hat ihm blindlings vertraut und geglaubt, und er hat sie ins Unglück gestürzt, vielleicht sogar in den Tod! Er, mit seinem Hochmut und seiner Lieblosigkeit!

Andy kauert auf dem Boden, den Kopf in die Arme gesteckt, und wühlt sich immer tiefer in seine Selbstzerfleischung hinein.

Er schluchzt so verzweifelt, daß er nicht einmal hört, wie die Tür aufgeht und jemand ins Zimmer kommt.

„He, du!“ sagt schließlich Herr Traube. „Glaubst du nicht, jetzt ist es allmählich genug?“

Andy richtet sich auf und starrt ihn aus tränenblinden Augen an.

„Ich wünschte, ich wäre tot“, flüstert er tonlos.

„Quatsch!“ sagt Herr Traube. „Putz dir die Nase, Menschenskind, der Rotz läuft dir ja schon bis ins Hemd! Und dann geh dich waschen, ich warte hier. Wir haben zu tun, die Lämmer sind da, und der Tierarzt kommt nachher noch vorbei.“

„Die Lämmer?“

„Ja, sie hat Zwillinge geworfen. Nun mach schon!“

„Ich bin so unglücklich“, versucht Andy wieder aufs Thema zu kommen.

„Weiß ich. Aber dafür haben wir jetzt keine Zeit.“

„Wo ist Bolko?“

„Mit Frau Kolar ins Krankenhaus gefahren. Sie haben mich zu dir geschickt. Wenn sie was wissen, rufen sie uns drüben im Kutscherhaus an.“

Die Schülerversammlung

Herr Traube legt den Hörer hin.

„Nicht zu fassen“, sagt er und schüttelt den Kopf.

„Was ist? Was haben sie gesagt?“ drängt Andy.

„Ihr Schutzengel muß ein Elefant sein. Jedenfalls ist ihr nichts Ernstes passiert. Eine Gehirnerschütterung, ein paar Prellungen, das ist alles. Dabei weiß man nicht mal, ob die Gehirnerschütterung nicht schon vom ersten Sturz stammt. Es war wohl mehr der Schock, daß sie so lange ohnmächtig war. Oder die Erschöpfung, was weiß ich. Jedenfalls kannst du sie morgen besuchen, sie läßt dich grüßen und dir sagen, du solltest ihr bitte nicht böse sein. Na – geht's dir jetzt besser?"

Andy schüttelt düster den Kopf.

„He! Hast du nicht kapiert? Sie ist weder tot noch schwer verletzt! Und sie macht dir keine Vorwürfe, sondern bittet dich um Verzeihung! Was denn noch?"

„Und wenn sie mir hundertmal verzeiht", sagt Andy finster, „ich selbst werde mir nicht verzeihen. Niemals! Mein ganzes Leben nicht."

„Ach. Und warum nicht?"

„Mir hätte das nie passieren dürfen."

„Jeder macht mal einen Fehler, so was kann jedem von uns passieren", sagt Herr Traube und geht zum Futterschrank hinüber, um das Kraftfutter für die Küken zu mischen.

„Ja, anderen. Aber mir nicht. Mir darf so was nicht passieren."

Herr Traube dreht sich um und sieht Andy kopfschüttelnd an.

„Nein", sagt er. „Natürlich nicht. Dir darf so was nicht passieren. Für was hältst du dich eigentlich? Bist du was Besseres als wir anderen? Bist du der liebe Gott? Oder der große Wunderheiler, zu dem sie in Scharen gepilgert kommen, um seine Werke zu bestaunen?"

„So meine ich das ja nicht, ich . . ."

„Ich will dir mal was sagen, mein Lieber", fällt Herr Traube Andy ins Wort. „Nimmst du dich nicht ein bißchen zu wichtig? Gar nicht schlecht, daß das heute passiert ist. Soweit es dich betrifft jedenfalls. Es ist höchste Zeit, daß du mal wieder auf den Teppich kommst. Dir geht es nämlich gar nicht um Angelika! Deine einzige Angst ist, daß jemand ein paar Kratzer auf deine Politur machen könnte! Der vielgeliebte und bewunderte Andy stellt sich plötzlich als ein ganz normaler Mensch heraus, mit ganz normalen Fehlern! Genauso mittelmäßig wie wir alle. Mit guten und schlechten Eigenschaften. Einer ist 'ne Leuchte in Mathe und Physik, einer ein As im Sport, und du verstehst was von Tieren. Na und? Das ist nichts Besonderes. Du hast einen Fehler gemacht, okay, einen schlimmen sogar. Aber du hast Schwein gehabt, denn Angelika ist nichts Ernstes passiert. Und du hast aus diesem Fehler vermutlich 'ne Menge gelernt. Also sei froh, und denk darüber nach, wie du das wieder gutmachen kannst. Und hör um Gottes willen auf, in deinem Seelenschmerz zu rühren und darüber nachzugrübeln, wie du die Flekken von deinem Thron wieder runterpolieren kannst."

Herr Traube sieht Andy an, der düster auf seine Schuhspitzen starrt. Plötzlich grinst er breit.

„Tut weh, was? Na, macht nichts, das ist ein bißchen so, als ob man sich einen Stachel rauszieht."

Jetzt grinst auch Andy.

„Das ist schon kein Stachel mehr, das ist ein ganzer Seeigel. Haben Sie schon mal in einen Seeigel gefaßt? So richtig mit der ganzen Hand? Ich kann Ihnen sagen, da denken Sie noch wochenlang dran."

„Kenne ich, hab ich alles ausprobiert. Na komm, gehen wir die Schafe reinholen. Und Allah macht auch schon Zirkus, weil sie noch nichts zu fressen hat."

Am nächsten Tag, es ist Sonntag, steht Andy mit einem großen Strauß Feldblumen vor Angelikas Bett. In der anderen Hand hält er eine Plastiktüte mit einem Kuchen, den haben sie heute morgen gemeinsam bei Pepsi gebacken.

„Hallo", sagt Andy und legt den Blumenstrauß auf die Bettdecke.

„Hallo", sagt Angelika. „Lieb, daß du gekommen bist. Danke für die tollen Blumen. Hast du die gepflückt?"

„Logisch."

„Setz dich doch."

Andy hat sich eine Menge Sachen zurechtgelegt, die er Angelika sagen will, aber vorerst weiß er nicht, wie er anfangen soll. Da sind auch die anderen Frauen im Zimmer, die neugierig herüberschauen oder so tun, als seien sie in ihre Lektüre vertieft, aber man sieht richtig, wie sie die Ohren spitzen.

„Wie geht's dir?"

„Ach, ganz gut. Ich darf bald wieder hier raus."

„Manno, das hätte ich beinahe vergessen! Wir haben dir einen Kuchen gebacken, hier! Wir haben alle mit buntem Zuckerguß unterschrieben, das war vielleicht ein Theater, das richtig hinzukriegen! Und Pepsis Küche sah aus!"

„Kann ich mir vorstellen."

„Grüßen soll ich natürlich auch."

Andy packt den Kuchen aus und stellt ihn auf einen Stuhl neben ihr Bett, so daß sie ihn sehen kann.

„Toll! Sag allen herzlichen Dank von mir, ja? Vergiß es nicht! Ja ... eh ... und wie geht's dem Lämmchen? Ist es gut auf die Welt gekommen?"

„Es sind zwei! Zwillinge, stell dir vor! Zwei Mädchen! Wir werden bald eine ganze Herde haben, wenn das so weitergeht. Hier ... das hab ich dir auch noch mitgebracht."

Andy zieht ein Stück Seidenpapier aus der Tasche und faltet es auseinander.

„Was ist das?"

„Eine Locke von jedem Lämmchen. So ... so als Gruß, weißt du. Sind natürlich ziemlich klein, kaum zu sehen." Andy lacht verlegen.

„Wie lieb!"

Angelika wird ganz rot vor Freude. Zum Glück quillt jetzt ein ganzer Haufen Leute ins Zimmer, sie schauen sich suchend um und gehen dann zu den Frauen in den anderen Betten. Angelikas Nachbarbett wird von einer ganzen Familie umringt, die sofort alle lautstark zu reden beginnen. Keiner achtet mehr auf Angelika und Andy.

„Du ... ich muß dir noch was sagen!" Andy gibt sich einen Ruck. „Ich möchte dich um Verzeihung bitten, wegen gestern. Es tut mir so schrecklich leid. Ich habe mich furchtbar geschämt, weißt du. Ich muß total bescheuert gewesen sein, daß ich nicht gemerkt habe, wie mies es dir ging. Von dem Treppensturz habe ich ja nichts gewußt, aber ich hätte doch gleich sehen müssen, daß du ..."

„Hör auf!" unterbricht Angelika ihn. „Das ist doch alles Unsinn! Du hast dir schließlich Sorgen um deine Tiermütter gemacht und warst mit deinen Gedanken ganz bei ihnen. Das ist doch nur natürlich, oder? Ich finde, ich muß dich um Verzeihung bitten!"

„Du mich doch nicht!"

„O doch. Nämlich dafür, daß ich nicht auf dich gehört habe."

„Wieso – das verstehe ich jetzt nicht."

„Na ja, ich habe heute nacht darüber nachgedacht, weißt du. Du hast mir doch immer gesagt, es kommt alles darauf an, daß man Mut hat."

„Hm."

„Und ich ... ich war feige! Ich habe nicht begriffen, daß Mut haben auch bedeutet, daß man mal den Mut hat, nein zu sagen. Ich hätte dir sagen müssen; ‚Nein, Andy, heute gehe ich nicht. Ich kann nicht, heute schaffe ich es nicht.' Aber ich hatte solche Angst, dich zu enttäuschen, weißt du. Ich hatte Angst, daß du mich nicht mehr magst. Nur aus Angst bin ich gegangen. Ich hätte den Mut haben müssen, nein zu sagen und darauf zu vertrauen, daß du mir trotzdem nicht böse bist. Aber ich hab's gar nicht erst versucht."

„In Zukunft werden wir über alles reden, okay?" Andy nimmt Angelikas Hand und wird ganz feierlich. Er kommt sich unheimlich erwachsen vor in diesem Augenblick, so als ob zwischen gestern und heute zehn Jahre vergangen wären. „Und du wirst mir immer sagen, ob du etwas machen willst, und wie du dich fühlst und so. Klar?"

„Okay, Andy. Jetzt ist alles wieder in Ordnung zwischen uns, ja?"

„Klar doch."

Angelika muß vierzehn Tage im Krankenhaus bleiben. Vierzehn Tage lang können Joy, Hexi und Sabine zu den Mahlzeiten hinunterrennen wie sonst. Sie können drei Stufen auf einmal nehmen, hüpfen und toben, sie können all das tun, was sie wochenlang ängstlich vermieden haben. Aber es ist komisch – sie tun es gar nicht. Oder kaum. Sie haben nicht das Gefühl, einer Zwangsjacke entkommen zu sein und sich endlich wieder frei bewegen zu können.

Joy merkt es als erste. Es ist Montagnachmittag, Studierzeit, sie sitzen um den großen Tisch in ihrem Zimmer und brüten über ihren Matheaufgaben.

„Verdammt!" sagt Joy und knallt den Füller aufs Heft. „Ich komme einfach nicht weiter damit! Ohne unser Computergehirn bin ich restlos aufgeschmissen!"

„Ich komme auch nicht weiter", stöhnt Hexi. „Was meinst du – ob man sie anrufen kann? Vielleicht hat sie Telefon am Bett?"

„Glaube ich nicht. Sie liegt doch dritter Klasse. Und aufstehen darf sie noch nicht", meint Sabine. ;„Fährt denn heute keiner zu ihr? Er könnte die Aufgaben mitnehmen."

„Fehlanzeige. Heute sind ihre Eltern bei ihr. Und morgen fährt Pepsi dann wieder."

„Mist."

Joy springt ärgerlich auf und geht ans Fenster. Plötzlich dreht sie sich zu den anderen um.

„Ist euch das auch schon aufgefallen? Angelika ist so was wie unsere geistige Zelle, wir haben uns so daran gewöhnt, sie bei allem und jedem fragen zu können, daß wir ohne sie total auf dem trockenen sitzen."

„Wirklich, du hast recht. Sie gibt einem so ein Gefühl von . . .

von Sicherheit! Wenn man mit ihr zusammenarbeitet, wird alles klar und einfach und übersichtlich.“ Hexi wirft einen verzweifelten Blick in ihr Heft. „Aber kaum ist sie weg, da sitzt man bis zum Hals im Schlamassel.“

„Also, das hört sich vielleicht albern an“, Sabine blickt versonnen auf Angelikas leeres Bett, „aber irgendwie fehlt sie mir. Mal von den Aufgaben ganz abgesehen, sie ... sie kann einen so prima trösten, wenn man down ist. Sie ist immer so zuversichtlich und fröhlich, und man sagt sich unwillkürlich, na, wenn die mit ihren Krücken und ihren Schmerzen schon so gute Laune hat und findet, daß das Leben eine dufte Angelegenheit ist, dann mußt du es doch erst recht können.“

„Das stimmt, das ist mir auch schon so gegangen“, bekennt Joy. „Wenn ich morgens aufstehe und schlechte Laune habe, und Angelika strahlt und ist glücklich und freut sich auf den Tag, dann kriege ich richtig eine Wut auf mich, daß ich mich so hängenlasse. Und ich reiße mich sofort zusammen.“

„Ich freue mich drauf, wenn sie wieder da ist“, sagt Hexi und schaut die anderen an. „Ihr auch?“

„Ja. Hätte ich nicht gedacht vor ein paar Wochen“, meint Joy grinsend. „Aber es ist so, ich freue mich auch!“

„Ich auch“, bestätigt Sabine. „Und wißt ihr was? Wir sollten ihr das schreiben.“

„Das machen wir. Los, kommt! Sofort!“

Am Abend bekommen sie unerwartet Besuch. Sie sitzen noch im Gemeinschaftsraum, um die besten Aufnahmen aus einer Popsendung zu überspielen, da erscheint Klaus aus der Zwölften auf der Bildfläche.

„Verrat! Überfall! Ein Mann im Harem!“ ruft Sibylle und geht auf Tuchfühlung ran. „Was machst du denn hier um diese Zeit? Es ist doch längst abgeschlossen!“

„Ja, gewußt wie! Ein Sonderkurier mit einer dringenden Botschaft findet immer einen Weg, durchgelassen zu werden. Wo

Schneider-Buch **Preisrätsel**

400 Bücher zu gewinnen!

Postkarten-Porto

Postkarte

Schneider-Buch

D-8000 München 100

Als Geschmacksmuster geschützt.

Name: ______________________

Straße: ______________________

Postleitzahl: __________ Ort: ______________________

Achtung:

Absender nicht vergessen!
Nur mit Schreibmaschine oder mit Kugelschreiber in Blockbuchstaben ausfüllen!

Ich bin ________ Jahre alt.
Ich bin ☐ ein Junge
Ich bin ☐ ein Mädchen

Es werden nur ausreichend frankierte Rätselkarten angenommen. Benachrichtigt werden nur die Gewinner. Der Rechtsweg ist ausgeschlossen. Die Beteiligung ist nicht an den Kauf eines Schneider-Buches gebunden. Du bekommst die Karte auch lose in deinem Buchgeschäft.

Hier abtrennen

„Was machst du denn hier um diese Zeit?" fragt Sibylle neugierig

ist denn eure verehrte Herrscherin?"

„Hier!" ruft Pepsi aus ihrem Wohnzimmer. „Was gibt's denn?"

„Wir haben eben was ausgebrütet, das wollten wir gern mit euch besprechen", sagt Klaus. „Wir möchten euch zu einer Schülerversammlung einladen."

Die Mädchen umringen ihn neugierig.

„Na und?" fragt Hexi. „Was ist daran so Besonderes?"

„Und so besonders Dringendes?" fügt Helga hinzu.

„Ja, also – ihr sollt dabei sozusagen die Hauptpersonen sein. Ihr und Frau Kolar. Wir möchten mal alle Familien mit ihren

Oberhäuptern zusammenladen, um darüber zu diskutieren, wie das so ist mit einer Behinderten in der Familie. Ihr sollt über eure Erfahrungen berichten, Fragen beantworten und so."

„Warum nicht? Wie seid ihr denn darauf gekommen?" erkundigt sich Pepsi.

„Das hat sich ganz zufällig ergeben. Wir haben nach dem Unfall von Angelika Sander darüber diskutiert bei uns drüben. Und das hat uns auf die Idee gebracht, daß es nicht schlecht wäre, wenn man das mal im größeren Kreis anginge. Ist ja schließlich ein wichtiges Thema, und wir finden, es wäre für alle nützlich, wenn wir von euch etwas Genaueres über eure Erfahrungen hören würden."

„Da habt ihr recht. Und wann soll das Treffen stattfinden?"

„Wenn es euch paßt, übermorgen. Das wäre für alle ein günstiger Abend, weil da nichts anderes auf dem Programm steht."

„Okay. Und um die Einladung kümmert ihr euch?"

„Klar. Also dann . . ."

„Gute Nacht, Klaus. Danke für die Einladung!"

Klaus verdrückt sich wieder, und Sibylle schließt schweren Herzens die Tür hinter ihm.

„Ich finde, man sollte mal ein ganz anderes Thema diskutieren", sagt sie seufzend.

„Na?"

„Daß das abendliche Abschließen abgeschafft wird. Man kommt sich ja vor wie im Kloster!"

„Arme Bille!" flötet Katrin. „Wollen die alten Knochen nicht mehr so richtig?"

„Was soll denn das nun wieder heißen!"

„Na ja, wenn es gewissen älteren Damen zu mühsam wird, nachts durchs Kellerfenster auszusteigen . . ."

„Ich verstehe euch nicht. Das macht die Sache doch erst spannend!" sagt Helga grinsend.

Pepsi macht, daß sie wieder in ihr Zimmer hinüberkommt.

Gewisse Dinge will sie lieber nicht mithören.

Am übernächsten Tag nach dem Abendessen versammeln sich sämtliche Familien mit ihren Oberhäuptern in der Aula. Allah und Rübezahl nehmen als Zuschauer in der letzten Reihe Platz, Pepsi und ihre Mädchen sitzen oben auf dem Podium, Andy, der Wikinger und seine Familie vorn in der ersten Reihe. Die Luft im Saal ist stickig, draußen zieht mit dumpfem Grollen ein Gewitter heran.

Als alle versammelt sind, tritt Klaus vor.

„Ich möchte euch alle herzlich begrüßen“, ruft er über die Köpfe hinweg und wartet einen Augenblick, bis Ruhe eingekehrt ist. „Ich danke euch, daß ihr so zahlreich erschienen seid, denn es geht um ein wichtiges Thema, über das wir mit euch diskutieren wollen. Das Zusammenleben und Zusammenarbeiten mit behinderten Mitschülern. Ich will euch ganz offen eingestehen, daß wir bei dieser Diskussion einen Hintergedanken haben. Wir haben nämlich den Eindruck gewonnen, daß das Zusammenleben mit Angelika Sander, dem behinderten Mädchen, ihr kennt sie ja inzwischen alle, in der Familie von Pepsi ganz prima klappt, und daß alle sie mögen. Das hat uns auf die Idee gebracht, ob nicht jede Familie einen behinderten Schüler oder eine solche Schülerin aufnehmen könnte. Wir . . .“

Klaus bricht ab, zu heftig ist die Reaktion. Überall stecken sie die Köpfe zusammen, tuscheln und murmeln, teils unwillig, teils aufgeregt.

„Nun fallt nicht gleich in Ohnmacht! Wir wollen uns jetzt mal anhören, was die Mitschülerinnen von Angelika dazu zu sagen haben. Stellt ganz offen eure Fragen, auch zu Dingen, die euch vielleicht unangenehm sind, auszusprechen. Wir wollen das Problem mal wirklich von allen Seiten her durchleuchten. Zunächst mal werden euch die drei, die mit Angelika in einem Zimmer wohnen, schildern, wie es ihnen ergangen ist, und wie sie darüber denken. Bitte, Sabine.“

Sabine steht auf. Sie ist ein bißchen nervös, wie sie da so auf die vielen Köpfe hinuntersieht, die sich ihr zudrehen. Ihr Mund ist wie ausgetrocknet, und die Hände, in denen sie einen Zettel mit Stichworten hält, zittern heftig. Hoffentlich merken es die anderen nicht.

„Ja, also", Sabine räuspert sich, „ich muß sagen, ich habe natürlich im ersten Moment einen gewaltigen Schrecken gekriegt, als ich hörte, daß wir plötzlich eine Behinderte im Zimmer haben. Das war ein ganz schöner Schlauch, immer Rücksicht zu nehmen und aufzupassen, daß man nichts Falsches sagt oder tut. Man weiß ja auch zuerst gar nicht, wie man das eigentlich anstellen soll, jemanden wie einen normalen Menschen zu behandeln, der eben doch nicht wie ein normaler Mensch leben kann. Man will alles richtig machen, und je mehr man sich darum bemüht, desto verkrampfter wird man. Vielleicht hängt das damit zusammen, daß man zu wenig darüber weiß, wie so jemand denkt und fühlt. Aber uns ist es da komisch gegangen. Erst haben wir gedacht, das schaffen wir nie, es wird uns irgendwie immer alles fremd bleiben. Und dann – nach ein paar Wochen – ist uns plötzlich klargeworden, daß sich das Problem ganz von selber gelöst hat. Wir hatten uns an Angelika gewöhnt, und ohne daß wir es merkten, war alles ganz selbstverständlich geworden. Ich kann nur sagen, jetzt, wo sie im Krankenhaus ist, fehlt sie uns richtig. Sie gehört einfach zu uns."

Sabine setzt sich und nickt Joy zu. Joy steht auf und tritt einen Schritt nach vorn.

„Also, ich will ganz ehrlich sein. Für mich war das ein echter Schock, als ich Angelika zum erstenmal sah. Ich wäre am liebsten davongelaufen. Ich habe schon früher immer weggeschaut, wenn ich an so jemandem vorbeigegangen bin. Und dann noch in einem Zimmer mit ihr, ich habe gedacht, das schaffe ich nie. Die ersten Tage hat's mich oft geschüttelt vor Ekel und Widerstand gegen Angelikas Behinderung. Ich weiß, das hört sich jetzt grauenvoll an, aber das muß man einfach mal aussprechen. Denn man kann dieses ... dieses Gefühl nur loswerden, wenn man alles richtig bis zu Ende denkt. Pepsi hat mir dabei unheimlich geholfen. Sie hat mich nämlich da auf was gebracht, was ich mir nie so richtig klargemacht habe. Sie hat gesagt: ‚Die meisten Menschen denken automatisch, daß jemand, der so aussieht wie Angelika, also so „unnormal", unmöglich in seinen Gefühlen und seinem Verstand normal sein kann. Körperlich behindert sein setzen sie unbewußt immer gleich mit geistig behindert sein.' Und dann hat sie mir geraten, mir mal einen Tag lang die Füße mit einem Strick zusammenbinden zu lassen, so daß ich nur noch ganz winzige Schritte machen kann, und zugleich den linken Arm ganz fest auf den Rücken schnallen zu lassen, oder an das linke Bein.

Ihr lacht. Das hab ich im ersten Moment auch getan. Und natürlich bin ich nicht einen Tag lang mit zusammengebundenen Füßen rumgelaufen. Nur mal eine Stunde – so aus Jux. Und Pepsi hat mich gefragt, ob meine Gedanken und Gefühle nun anders sind als vorher, ob ich mir dümmer vorkomme oder so. Und ich hab gesagt: ‚Im Gegenteil! Ich brauche unheimlich viel Phantasie und Geduld, um mir was einfallen zu lassen, damit ich die Sachen, die ich machen will, trotzdem machen kann. Und was die Gefühle betrifft, das einzige, was anders ist, ist eine irre Sehnsucht, die Stricke loszuwerden und wieder normal rumrennen zu können.' Ich glaube, wenn ihr ein bißchen darüber nachdenkt – mehr brauche ich darüber gar nicht zu sagen."

Joy setzt sich, und eine Weile ist es so still im Saal, daß man nur das Donnergrollen draußen hört. Dann fängt einer zögernd an zu applaudieren, und die anderen fallen ein.

Jetzt ist Hexi dran. Aus einzelnen Knabenkehlen entschlüpfen begeisterte Grunzlaute, leise Ahs sind zu hören, und irgendwo in der dritten Reihe flüstert jemand was von Sexy-Hexi.

Hexi überhört es geflissentlich.

„Wenn mich einer fragt", gesteht Hexi freimütig, „wie mir im ersten Augenblick zumute war – ich kann nur sagen: absolute Panik! Ich hab gedacht, das bringe ich nie! Ich hab mich natürlich bemüht, mir nichts anmerken zu lassen, aber innerlich habe ich immer nur gedacht, lieber Gott, mach, daß Angelika in ein anderes Zimmer kommt! Das steh ich sicher nicht durch! Die langsamen Bewegungen, und daß das alles so mühsam geht, das ist mir so auf den Wecker gefallen, daß ich manchmal hätte schreien können. Angelika war auch ... wie soll ich das sagen ... einerseits hat sie versucht, ganz normal zu sein, aber wenn's kritisch wurde, dann kamen immer diese blöden Redensarten: ‚ich bin eben eine Behinderte' und so, und dann vor allem immer dies ‚ihr braucht wirklich keine Rücksicht auf mich zu nehmen!'. Also, das hat mich manchmal so geschafft, daß ich hätte ausflippen können. Und dann hab ich sie mal angebrüllt. Wir hatten echt 'nen Krach. Aber der hatte sich gewaschen, kann ich euch sagen! Ich habe ihr alles ins Gesicht gebrüllt, was mir an ihr nicht paßt, und sie hat zurückgebrüllt und ist losgeworden, was ihr an uns nicht paßt ..."

„Und dann?" ruft einer von den Kleinen aufgeregt.

„Dann hat sie plötzlich angefangen zu lachen. Und hat gesagt: ‚Merkst du nicht, daß wir uns zum erstenmal, seit ich hier bin, ganz normal benehmen?' Da habe ich natürlich auch gelacht. Von dem Tag an ging alles besser."

„Was hat ihr denn an euch nicht gepaßt?" fragt eine aus der Elften.

„Na eben das ... daß wir uns nicht normal benehmen! Wie soll ich das ausdrücken ...?"

„Darf ich mal was sagen?" mischt sich Joy in das Gespräch. „Wir haben uns natürlich dann noch mal in Ruhe darüber ausgesprochen, abends vor dem Einschlafen. Pepsi war dabei, und sie hat ein ganz gutes Beispiel gefunden, wie man das beschreiben kann. Sie sagte: ‚Wenn jemand sehr kurzsichtig ist und ganz dicke Brillengläser tragen muß, kommt keiner von euch auf die Idee, sich zu genieren, weil er selber keine Brille trägt. Wenn einer von euch mit Pickeln übersät ist wie ein Streuselkuchen, entschuldigt sich der andere doch deswegen nicht pausenlos, weil er eine schöne glatte Haut hat. Oder zum Beispiel – wenn einer in eurer Familie eine Glatze hätte, käme keiner auf die Idee, sich selber kahl scheren zu lassen, weil es ihm peinlich ist, daß er so schöne Hare hat. Aber vor Angelika tut ihr, als müßtet ihr euch pausenlos dafür entschuldigen, daß ihr normal gewachsene hübsche Mädchen seid.'"

„Hört, hört!" ruft einer aus der Zehnten, und die anderen kichern.

Joy wird rot und wirft ärgerlich den Kopf zurück.

„Das war ein Zitat von Pepsi, falls ihr das nicht gemerkt habt!"

Pepsi nickt ihr lächelnd zu und steht auf.

„Ich glaube, daß das ein ganz wichtiger Gedanke ist, den ihr festhalten solltet, wenn ihr den Plan habt, einen behinderten Mitschüler in eure Familie aufzunehmen. Übrigens könnt ihr die Geschichte auch umdrehen. Wer kurzsichtig ist, muß lernen, damit zu leben, daß er zeit seines Lebens eine Brille tragen muß. Und er wird bald gar nicht mehr darüber nachdenken. Es würde ihm komisch vorkommen, wenn plötzlich alle, die keine Brille tragen, anfangen wollten, sich bei ihm dafür zu entschuldigen, oder? Wenn ihr mit einem Behinderten normal zusammenleben wollt, müßt ihr lernen, das Anderssein eurer Kameraden als Tatsache hinzunehmen, ohne ständig darüber nachzudenken oder übertrieben Rücksicht darauf zu nehmen."

Unten im Saal werden Hände gehoben, eine Kleine schnippt heftig mit den Fingern.

„Ich wüßte noch ein Beispiel. Wenn ich mit einer Schwarzen zusammen bin, male ich mir ja auch nicht das Gesicht dunkel an, damit sie es nicht empfindet, daß ich weiß bin."

„Zum Beispiel, ja."

„Aber . . . aber gar keine Rücksicht nehmen geht ja nun auch nicht!" meldet sich eine andere zu Wort. „Ich kann ja nicht so tun, als ob sie sich normal bewegen kann, wenn sie es in Wirklichkeit nicht kann!"

„Das meine ich auch nicht", sagt Pepsi ruhig. „Überleg doch mal: Wenn deine Mitschülerin eine starke Brille braucht, wirst du von ihr nicht verlangen, daß sie ohne Brille liest. Es ist eine Tatsache, daß sie eine Brille braucht, ihr akzeptiert das und denkt nicht weiter darüber nach. So und nicht anders solltet ihr mit der Behinderung einer Mitschülerin umgehen, die in ihren Bewegungsmöglichkeiten eingeschränkt ist."

Die Diskussion wogt hin und her, jeder kommt mit einem eigenen Beispiel, einem Erlebnis oder mit etwas, das er gelesen und gehört hat. Schließlich wenden sie sich dem Thema zu, inwieweit eine Behinderung vermindert werden kann, wenn man im Kreis von Gesunden lebt. Nützt es etwas – und wenn ja, was eigentlich?

„Dazu möchte ich etwas sagen!" Andy springt auf und läuft nach vorn. Damit sie ihn besser hören können, stellt er sich neben Joy aufs Podium. „Ihr wißt ja, daß ich viel mit Angelika zusammengewesen bin. Ich mag sie gern, und ich hatte mir fest in den Kopf gesetzt, ich müßte ihr helfen. Ich hab mich so verrannt in die Idee, daß ich mir . . . ja, ich weiß, das klingt jetzt blöd, was ich sage, aber ich hab mir tatsächlich eingebildet, ich könnte aus ihr einen ganz gesunden Menschen machen. Daß sie richtig gehen kann, und daß sich ihr Körper verändert und so. Ich glaube daran, daß man alles schafft, wenn man es nur richtig mit aller Kraft will, und ich dachte, Angelika müßte es auch schaffen, wenn sie nur den Willen dazu hat. Aber ich habe einen großen Fehler gemacht, das habe ich jetzt eingesehen. Es gibt Grenzen, über die kommst du nicht rüber, auch wenn du es noch so sehr wünschst. Und diese Grenzen muß man einfach sehen . . ."

„Wie meinst du das?" fragt Klaus, der die verständnislosen Gesichter der meisten im Saal mitkriegt.

„Ich will's mal an einem Beispiel erklären. Du kannst dir noch so sehnsüchtig wünschen, ein Vogel zu sein, aber es werden dir trotzdem keine Federn und keine Flügel wachsen. Und wenn du dich auf einen Baum setzt und sagst, jetzt bin ich ein Vogel und fliege einfach weg, dann stürzt du ab."

Evi springt auf.

„Ich verstehe schon, was Andy sagen will. Er hat mit Angelika etwas versucht, was über ihre Grenzen hinausging und unmöglich zu schaffen war. Wenn wir Behinderte in unsere Familien aufnehmen, dann müssen wir versuchen zu erkennen, was sie schaffen können und was nicht, und ihnen helfen, innerhalb ihrer Möglichkeiten das Beste zu erreichen."

„Ja, so habe ich das gemeint."

Jetzt schießen überall im Saal die Hände hoch. Vorschläge, Einfälle, Kommentare, sie überbieten sich an Ideenreichtum, jeder will etwas dazu sagen. Manchmal schlägt die Phantasie Purzelbäume, vieles wiederholt sich, weil man sich gar nicht die Zeit nimmt, den anderen zuzuhören. Aber eines steht fest: sie alle sind entschlossen, es Pepsis Familie nachzumachen und den Versuch zu wagen, mit behinderten Mitschülern zusammenzuleben und zu -arbeiten.

Allah blinzelt Rübezahl zu und macht ihm ein Zeichen, der Daumen seiner zur Faust geballten rechten Hand zeigt nach oben.

Rübezahl nickt.

„Ist schon schwer in Ordnung, unsere Mannschaft. Auch wenn sie mich so oft auf die Palme bringen. Aber wir können stolz sein auf sie."

*

Feuer im Kutscherhaus!

„Wird es dir wirklich nicht zuviel? Soll ich dir nicht Joy zur Gesellschaft holen, dann bist du nicht so allein?“ fragt Andy besorgt.

„Quatsch! Seit ich aus dem Krankenhaus zurück bin, behandelst du mich wie ein Baby! Ich komme prima allein klar, außerdem bist du doch in einer Stunde zurück!“ sagt Angelika kopfschüttelnd. „Was soll mir schon passieren!“

„Hast ja recht, ich bin jetzt wirklich ein bißchen hysterisch seit dem Unfall damals. Also, bis dann!“

Andy nimmt den großen Einkaufskorb vom Haken, holt die Kassette aus dem Schrank, überprüft den Kassenbestand und nimmt einen Zwanzigmarkschein heraus. Die Entnahme vermerkt er im Kassenbuch.

„Soll ich dir irgendwas mitbringen?“

„Ein Eis. Aber das schmilzt, bis du hier angekommen bist, also laß es lieber. Ich lade dich morgen im Dorf zu einem Eis ein, wenn Herr Traube hier Stallwache hält.“

„Gute Idee! Ciao!“

Andy holt das Fahrrad aus dem Keller und befestigt den Korb auf dem Gepäckträger. Von draußen winkt er ihr noch einmal zu und fährt davon. Die Wege sind naß und voller Pfützen von dem tagelangen Regen, aber der Himmel ist tiefblau, und Wolken ziehen wie ganze Gebirgslandschaften darüber. In den Parkbäumen rauscht der Wind; wenn man die Augen schließt, kann man sich einbilden, man wäre auf dem offenen Meer. Andy träumt sich an den Bug eines Segelschiffs, das hoch aufspritzende Pfützenwasser ist die Gischt und sein Anorak das geblähte Segel.

Angelika sitzt vor dem Futterschrank und räumt die Fächer aus, um sie gründlich auszuwaschen. Auch die Schilder mit den Aufschriften müssen dringend erneuert werden, sie sind zum Teil kaum noch zu entziffern.

Zu Angelikas Füßen liegt Lucky und kaut hingebungsvoll an einem von Herrn Traubes Pantoffeln. Von jeder Fahrt in die Stadt bringt Herr Traube Lucky einen Gummiknochen oder einen Ball, einen Spezialbeißring für junge Hunde oder einen extra für diesen Zweck angefertigten Kinderschuh aus Tierhaut mit, wie sie der Tierhändler in seinem Warenlager hat – aber Lucky verschmäht sie alle. Er will Herrn Traubes Pantoffeln und sonst nichts.

Draußen in ihrem Verschlag suhlt sich die Schweinedame Allah hingebungsvoll im Regenschlamm. Das Äffchen Freedom ist mit Herrn Traube in die Stadt gefahren, und die Schafe sind auf der oberen Weide, wo der Wind das Gras bereits getrocknet hat.

Angelika ist glücklich hier drinnen. Um sie herum piepst, pfeift und zwitschert es, die Käfige sind voller Leben, und man könnte stundenlang einfach dasitzen und zuschauen. Aber sie hat eine Menge zu tun. Wenn Andy zurückkommt, möchte sie fertig sein.

Neben ihrem Stuhl steht der Eimer mit der Waschlauge. Mit dem obersten Fach ist sie schon fertig, das ist das schwierigste, denn es fällt ihr schwer, sich zu recken. Aber helfen lassen will sie sich auch nicht. Es ist lästig genug, daß Andy jetzt so auf sie aufpaßt, und wann immer sie allein im Zoo ist, versucht sie ihn mit einer Arbeit zu überraschen, die er ihr sonst aus Sorge um sie nicht übertragen hätte.

Die Fächer sind voller Staub und Futterreste, Kästen mit Körnern und Kleie, Tüten mit Kraftfutter, Kalk, Vitaminpräparaten stehen da, Fischfutter, Vogelfutter, Hamsterfutter, Dosen mit Hundefutter, Haferflocken, Babynahrung, ein Korb mit trockenem Brot und was man für die zahlreichen Schützlinge alles so braucht. Ganz unten die Tüten mit Hamsterstreu und Vogelsand, darüber das Fach mit den sauberen Näpfen und Futterschalen, Schüsseln zum Mischen und Anrühren und das Litermaß.

Die von der Zoogruppe sind nicht immer besonders vorsichtig, wenn sie etwas herausholen oder zurückstellen, manches wird verstreut oder verschüttet. Nachdem Angelika mit dem zweiten Fach fertig ist, hat die Waschlauge eine milchig-graue Farbe, sie muß frische aus der Küche holen.

Angelika hat das schon geübt. Ihre Krücken lehnen am Schrank. Sie nimmt erst den Eimer, zieht sich am Schrank hoch, greift die rechte Krücke und lehnt sich darauf, dann nimmt sie die linke mit der Hand, an der der Eimer hängt und schiebt sie sich vorsichtig unter die Achselhöhle, um nichts zu verschütten. Sie muß sehr langsam gehen, so mit dem baumelnden, schwappenden Wassereimer, aber was macht das schon. Hauptsache, sie schafft es, ohne zu stolpern oder den Eimer zu verlieren – und sie hat es bis jetzt immer geschafft.

In der Küche lehnt sie sich an den Abwaschtisch und hebt den Eimer hinein. Die Krücken hält sie mit den Oberarmen fest an den Körper gepreßt, während sie vorsichtig das Wasser ausgießt und eine neue Lauge bereitet. Sie muß aufpassen, daß sie nicht zuviel Wasser nimmt und der Eimer nicht zu schwer wird. So wird es gehen. Angelika hebt den Eimer aus dem Waschbecken, packt ihre Krücken und verlagert das Gewicht. Das Umdrehen mit dem Eimer ist schwierig, einen Augenblick schwankt sie und verliert das Gleichgewicht. Zum Glück ist da noch das Waschbecken, gegen das sie kippt, und alles geht gut.

Jetzt zurück. Nur langsam, Zeit lassen, die Strecke ist ja nicht weit. Im Treppenhaus hält sie einen Moment an, damit die gefährlich über den Rand schwappende Lauge sich wieder beruhigt. Das kleine Fenster neben der Eingangstür ist weit geöffnet, und die Gardine bauscht sich im Wind. Es riecht nach Sommer, nach Heu und Wiesenblumen und ein bißchen nach Holzfeuer.

Holzfeuer? Wer macht denn um diese Zeit Feuer, denkt Angelika. Es muß aus dem Park kommen, oder drüben vom Hof. Nein, nicht nur Holz, ein unangenehmer, beißender Geruch ist das! Wo der wohl herkommt?

Als sie in der Tür steht und noch einmal zurückblickt, bemerkt sie die dicken blaugrauen Rauchschwaden im Obergeschoß.

„Es brennt! Bei uns brennt es!" murmelt Angelika tonlos.

Einen Augenblick hat sie das Gefühl, ganz und gar gelähmt zu sein, hier stehen zu müssen, wie zu Stein geworden, bis das Kutscherhaus mit ihr und allem, das darin ist, niedergebrannt ist. Aber dann kommt Leben in sie, ein leidenschaftlicher Wille, mit dem Feuer fertig zu werden.

Angelika stellt den Eimer ab, ist mit zwei Schritten am Treppengeländer. Sie war nicht oft dort oben und noch nie ohne Hilfe der anderen, die Treppe ist zu steil. Jetzt muß sie es allein schaffen.

Sie nimmt die Krücken in die linke Hand, mit der rechten packt sie das Treppengeländer und beginnt, sich hochzuziehen. Mit aller Kraft wirft sie sich aufwärts, stützt sich mit den Krücken ab, stemmt sich hoch, wieder ein Stück, jetzt die rechte Hand vorschieben, ziehen, stützen, stemmen und wieder ziehen. Als sie oben ist, tränen ihr die Augen vom Rauch, sie keucht von der Anstrengung und muß husten. Sie bekommt kaum noch Luft und schleppt sich doch ohne Pause weiter. Jede Sekunde ist kostbar.

Links ist die Krankenstation, zum Glück ist sie zur Zeit leer. Der Rauch kommt von rechts aus Herrn Traubes Wohnung. Angelika kann kaum etwas sehen. Mit der einen Krücke stößt sie das kleine Dachfenster auf, holt Luft so gut es geht und

„Es brennt! Bei uns brennt es!" murmelt Angelika tonlos

schleppt sich bis zur Tür.

Hilfe holen, fährt es ihr durch den Kopf, ich sollte Hilfe holen! Aber wie? Das Telefon – in Herrn Traubes Zimmer! Es ist die einzige Chance. Wenn es dort nicht schon brennt. Zu Fuß schaffe ich es nie, bis ich drüben bin, ist das Kutscherhaus bis auf die Grundmauern runtergebrannt.

Jetzt ist sie an der Tür. Was kann sie tun, wenn ihr die Flammen entgegenschlagen? Angelika sieht sich um. Da steht ein Korb mit Wäsche und zwei wollenen Decken. Die könnten ihr helfen. Angelika zieht mit der Krücke den Korb zu sich heran, packt eine der Decken und öffnet die Tür. Vor Rauch ist kaum etwas zu erkennen, das Fenster ist geschlossen.

Hinter der Tür steht ein Tisch mit zwei Kochplatten, daneben züngeln kleine Flammen an der Tapete hoch, feuchte Handtücher schwelen, und der Hundekorb auf dem Boden daneben beginnt gerade zu brennen.

Die Kochplatten! Plötzlich sieht sie alles ganz klar. Sie handelt blitzschnell. Der Stecker ist links von ihr an der Tür, den reißt sie zuerst heraus. Sie nimmt sich nicht die Zeit, zum Telefon hinüberzugehen. Nur jetzt nicht das Fenster öffnen, damit keine Zugluft entsteht! Angelika tastet sich durch den Rauch bis zu den Kochplatten, wirft sich mit der Wolldecke vorwärts und beginnt, die Flammen zu ersticken. Den Teppich, die Kissen, alles was sie kriechend erreichen kann, greift sie und schlägt damit auf die Flammen.

Als sie bis zum Waschbecken gekommen ist, dreht sie den Wasserhahn voll auf und wirft das immer noch brennende Kissen aus dem Hundekorb hinein. Es zischt, und beißender, dicker Qualm steigt auf. Angelika ringt nach Luft, ihr ist übel, und sie hat das Gefühl, jeden Augenblick ohnmächtig zu werden, aber sie weiß, daß sie es jetzt geschafft hat. Sie kann ohne Gefahr das Fenster öffnen.

Keuchend und benommen sitzt sie am Boden, während über

ihr der Rauch abzieht. Gesicht und Arme sind voller Ruß, um sie herum ist alles schwarz, verkohlt, verschmiert, durchtränkt von Wasser, das zu einer schwärzlich-braunen Brühe geworden ist. Mit dem Ellbogen wischt sie sich die Tränen vom Gesicht und schaut sich um.

Und ganz plötzlich muß sie lachen. Erst leise, glucksend, und dann immer lauter und freier. Sie lacht, wie sie in ihrem ganzen Leben noch nie gelacht hat. Sie ist mit einem Brand fertig geworden, mit einem Feuer, das in kurzer Zeit das Kutscherhaus, Andys geliebten Zoo mit all seinen Insassen in Schutt und Asche gelegt hätte! Sie allein! Ohne Hilfe. Egal, daß Herrn Traubes Wohnung jetzt aussieht, als hätte eine Völkerschlacht stattgefunden oder der Ausbruch eines Vulkans. Der Zoo ist gerettet, und sie allein hat das geschafft!

So – immer noch lachend – findet Andy sie. Zunächst begreift er gar nichts.

„Allah ist groß!" stammelt er und starrt entsetzt auf das Schlachtfeld. „Wie hast du das gemacht?!"

„Ganz einfach, mit einer Decke, ein paar Kissen und jeder Menge Wasser."

„Eine tolle Leistung!" Andy kratzt sich verwirrt am Hinterkopf. „Sieht aus, als hätte es hier gebrannt."

„Richtig. Der Kandidat hat hundert Punkte."

„Im Ernst? Aber wieso?"

„Das wiederum mußt du Herrn Traube fragen", sagt Angelika kichernd. „Ich kann dir nur die zweite Hälfte der Story erzählen. Als ich raufkam, stand schon alles in Flammen."

Andy hat immer noch Mühe, zu begreifen, was hier passiert ist. Er sieht sich um wie jemand, der aus Versehen die falsche Wohnungstür erwischt hat.

„Du meinst, es hat hier echt alles gebrannt, und du hast es allein gelöscht?"

„Sonst war ja niemand da."

Der Groschen ist gefallen. Mit einiger Verspätung wird Andy blaß und läßt sich auf Herrn Traubes Bettcouch fallen.

„A ... A ... Angelika ... du ... du ... bist allein hier raufgegangen und hast ... und ... und wenn dir nun was passiert wäre!"

„Und wenn den Tieren was passiert wäre? Was hättest du denn an meiner Stelle getan?"

„Menschenskind ..." stammelt Andy. „Menschenskind ... mir ist ganz schlecht. Herr Traube wird Augen machen!"

„Vielleicht sollten wir versuchen, ein bißchen aufzuräumen?"

Aber dazu kommen sie nicht mehr. Unten fährt Herr Traube vor, und der süßliche Brandgeruch, der um das Kutscherhaus lagert, macht ihn sofort mißtrauisch. Er drückt Freedom an sich und stürmt die Treppe hinauf. Angelika sitzt immer noch auf dem Boden, Andy hockt wie ein Häufchen Elend auf der Couch.

Herr Traube sieht sich um. Im Gegensatz zu den anderen beiden durchschaut er die Zusammenhänge sofort. Lange Zeit sagt er kein Wort, geht nur von einer Ecke zur anderen, betrachtet die Brandflecken, den Ruß, die angekokelten Möbel, Kissen und Handtücher. Dann hebt er mit spitzen Fingern einen nassen Topflappen aus einer Schmutzlache.

„Den kann man noch gebrauchen", murmelt er zufrieden. „Ein Segen, daß ich nicht an irdischen Gütern hänge." Plötzlich drückt er Freedom zärtlich an sich und streichelt ihm den Kopf. „Böser Junge!" sagt er. „Wie oft hat dir Papa verboten, an den Schaltern rumzuspielen!"

„Wieso?" fragen Andy und Angelika gleichzeitig.

„Er muß die Kochplatte eingeschaltet haben. Vermutlich hat irgendwas draufgelegen, was sich entzündet hat. Ich hatte ihn hier bei mir, bevor wir losgefahren sind und habe in der Eile nicht so genau auf ihn geachtet. Na ja, selber schuld. Ein Glück, daß ihr hiergewesen seid und es rechtzeitig gemerkt habt."

„Ich war gar nicht hier“, sagt Andy. „Erzähl ihm, wie das gelaufen ist, Angelika.“

Und Angelika erzählt. Die ganze Geschichte, von Anfang an, wie sie in der Küche frisches Wasser geholt hat, wie sie gedacht hat, sie machten drüben ein Feuer auf dem Hof, und wie sie dann plötzlich die Rauchschwaden entdeckt hat. Und alles andere. Als sie fertig ist, schaut Herr Traube sie schweigend an – mit einem Blick, der schon fast überirdisch ist. Fehlt nur noch, daß er in die Knie sinkt.

„Ich hab schon immer den Verdacht gehabt, daß mit dir was nicht stimmt“, sagt er schließlich. „Du bist ein verkappter Engel, nicht wahr? Ein Engel ohne Flügel oder so ähnlich.“

„Logisch“, sagt Angelika, reibt sich die brennenden Augen und verteilt den Ruß noch etwas gleichmäßiger im Gesicht. „Die heilige Angelika mit dem Flammenlöscher. Geräuchertes Huhn ist nur meine Verkleidung.“

Ein Geschenk für Angelika

Zwei Wochen sind es noch bis zum Beginn der großen Ferien. Zwei Dutzend Freiwillige haben sich gemeldet, um in diesen zwei Wochen Herrn Traubes Wohnung wieder instand zu setzen. Der Wikinger und Pepsi gehören dazu, und Fritzchen, der Familienvater der Abiturienten, die alle schon vor Wochen abgeschwirrt sind und Fritzchen verwaist zurückgelassen haben – nicht ohne eine Woche lang Abschied mit ihm zu feiern. Wovon sich Fritzchen drei Wochen lang erholen mußte. Im Herbst wird er eine neue Familie bekommen, die neue Fünfte, die wird er bis zum Abitur begleiten und betreuen.

Die Zoogruppe ist natürlich vollzählig unter den Helfern. Bis auf Angelika, die hat Pause, von Pepsi verordnet, denn ohne eine Rauchvergiftung ist das Abenteuer nicht abgegangen.

„Du wirst jetzt drei Tage lang nur faulenzen", hat Pepsi befohlen, „im Liegestuhl liegen, lesen, dösen und schlafen. Damit sich meine Nerven ein bißchen erholen können. Ich habe schon eine Menge temperamentvoller Töchter gut über die Runden gebracht, aber dich zu betreuen, ist wie Achterbahnfahren im Finstern."

Angelika ist mit der Pause ganz einverstanden, ihr Feuerwehreinsatz hat sie doch angestrengt. Und warum soll man nicht auch mal auf seinen wohlverdienten Lorbeeren ausruhen? Das Wetter ist herrlich, sie kann im Park liegen, in die Baumwipfel hinaufschauen und träumen und hin und wieder mit Lucky schmusen, der zu ihren Füßen liegt – mal mit dem linken, mal mit dem rechten Pantoffel von Herrn Traube.

Auch der Esel Zeus leistet ihr Gesellschaft. Nachdem man herausgefunden hat, daß er keine Ambitionen hat, sich vom Hof zu entfernen, darf er frei herumlaufen, selbst wenn er manchmal ungebeten in der Küche oder im Speisesaal erscheint, oder wo immer man wegen der Hitze die Türen offenstehen läßt.

Zeus, der so bockig sein kann wie nur irgendein störrischer Esel, benimmt sich bei Angelika wie ein Schoßhündchen. Geduldig hält er still, wenn sie sich auf ihn stützt, achtet darauf, daß er sie nicht tritt und nicht zu schnell geht. Stundenlang steht er neben ihr, als müsse er sie bewachen, schaut sie aus seinen großen dunklen Augen tiefsinnig an und reibt seinen Kopf an ihr. Die beiden sind ein Herz und eine Seele.

Andy beobachtet das seit langem, und in seinem Kopf beginnt ein Plan zu reifen, der ihn täglich mehr beschäftigt. Erst hat er daran gedacht, Angelika könne Zeus reiten. Aber dieser Gedanke hat einen Schönheitsfehler. Es muß immer jemand in der Nähe sein, der Angelika hilft, in den Sattel zu kommen und wieder abzusteigen.

Und dann kommt ihm eines Tages die Idee mit dem Wagen. Einem ganz speziellen Wagen für Angelika, der so konstruiert ist, daß sie leicht allein damit fertig wird. So ein Wagen mit einem Esel davor ist etwas ganz anderes als ein Rollstuhl, schon eher wie ein eigenes Fahrrad oder Auto.

Ans Ziehen ist Zeus gewöhnt. Sie haben einen zweirädrigen, kleinen Karren im Zoo, mit dem sie Mist fahren oder Heu und Stroh holen können. Zeus geht ohne Schwierigkeiten in der Deichsel, und wenn Angelika die Zügel hielte, wäre er gewiß gehorsam wie ein Blindenhund.

Als sie dabei sind, Herrn Traubes Kochnische mit einer neuen abwaschbaren Tapete auszukleiden, erzählt Andy den anderen von seinem Plan.

„Wißt ihr, was ich finde?" beginnt er und schaut alle der Reihe nach an. „Angelika hat eigentlich ein Geschenk verdient dafür, daß sie den Zoo gerettet hat."

„Klar hat sie das. Dafür wollen wir doch auch die Sammlung machen und ein Fest für sie geben", sagt Mike. „Und ein Geschenk kriegt sie auch, wir müssen bloß noch überlegen, was es sein soll."

Der Wikinger grinst.

„Wie ich Andy kenne – besonders wenn er uns so von schräg nach links aus den Augenwinkeln fixiert – hat er eine Idee. Und wie ich ihn weiter kenne, hat er in seiner rechten Hosentasche bereits einen Plan, genauer gesagt eine Zeichnung. Und wenn ich mir dann seine diplomatische Einführung anhöre, ist das Geschenk ein Gegenstand, der anderen Leuten eine Menge Arbeit macht! Laß hören, Junge – was ist es?"

Andy läßt sich durch des Wikingers Ironie nicht beirren. Er zieht ein mehrfach zusammengefaltetes Stück Papier aus der rechten Hosentasche und breitet es auf dem Tisch aus.

„Ganz einfach. Ein Wagen. Eine Eselskutsche mit einem Spezial-Einstieg für Angelika. Hier ist eine Kurbel, um das schräge Laufbrett rauf- und runterzulassen, da die Halterung für die Zügel, diese Griffe hier sind für die Hände, und das dort sind Klemmen für die Krücken, damit sie nicht wegrutschen und während der Fahrt runterfallen können. Die Kurbel dort ist die Bremse und hier noch eine Halterung für die Peitsche. Das da ist der Rückspiegel und . . ."

„Ganz einfach", murmelt der Wikinger.

„Ein Kinderspiel!" säuselt Christian. „Solche Wagen sind unsere Spezialität! Die machen wir im Schlaf!"

„Und wo ist der Kilometerzähler und die Uhr für den Ölstand?" fragt Mike grinsend.

Die Jungen sehen sich kopfschüttelnd an. Herr Traube und der Wikinger schauen ratlos. Pepsis Augen wandern von einem zum anderen.

„Unmöglich, Andy", sagt sie. „Das ist eine Arbeit für einen Spezialisten! Das schaffen die nie, ganz gleich, wie gut dein Plan durchdacht ist."

Der Wikinger richtet sich auf.

„Wie bitte? Wir tun was nicht? Das sagen Sie nicht ein zweites Mal! Männer! Wo ist der nächste Autofriedhof?"

„Aber ich dachte, wir wollten erst Traubes Wohnung . . .", wagt Fritzchen einzuwenden, der sich schon mit Malen und Tapezieren schwertut.

„Die wird auch noch fertig. Setzt euch Kinder, jetzt wollen wir erst mal sehen, was wir an Material brauchen. Traube! Einen Schreibblock! Und was zu schreiben! Wer hat einen Taschenrechner da?"

So machen sie sich an die Arbeit. Die Mädchen und Pepsi müssen allein sehen, wie sie mit Herrn Traubes Wohnung fertig werden, mit der männlichen Hälfte des Teams ist nicht mehr zu rechnen.

In der Scheune richten sie sich ihre Werkstatt ein, dort sind sie ungestört. Niemand erfährt etwas von ihrer geheimnisvollen

Tätigkeit. Aus den umliegenden Orten werden Einzelteile herbeigeschafft, der Tischler im Dorf bekommt einen Eilauftrag für eine Deichsel, im Speicher des Altwarenhändlers in der Kreisstadt kehren sie das Unterste zuoberst auf der Suche nach einem geeigneten Polster für die Bank der Kutsche.

Müssen die Jungen abends das Licht löschen, schleichen der Wikinger und Herr Traube noch einmal in die Scheune, um zu hämmern, zu löten und zu schrauben.

Nach vier Tagen steht die Kutsche fast fertig da, nur der Anstrich fehlt noch. Sie bekommt eine leuchtend rote Farbe mit grünen und goldenen Verzierungen, eine Mischung aus Staatskarosse und sizilianischem Bauernwagen schwebt ihnen vor. Zum Schluß darf jeder, der mitgeholfen hat, seinen Namen auf einer der Türen verewigen.

Am letzten Sonntag vor den Ferien geben Herr Traube und seine Zoomannschaft ein Fest zu Ehren Angelikas. Im Garten wird ein Grill aufgebaut, ein Kunstwerk von Mike, aus Teilen, die beim Bau des Wagens übriggeblieben sind. Daneben wartet eine lange Tafel mit Leckereien, die die Mädchen in Pepsis Küche vorbereitet haben, Salate, Pasteten und Kuchen, raffinierte Soßen zu Fleisch, Grillspießen und Würstchen. Die Getränke lagern in der Regentonne, dort ist es schön kühl.

Freedom schwingt sich ärgerlich schnatternd von einer Seite seines Käfigs zur anderen. So viele verlockende Dinge, nur wenige Meter von ihm entfernt, und er ist hier eingesperrt, das ist eine Zumutung!

Als die ersten Fleischstücke auf dem Grill brutzeln und Zeus hinter dem Stall fertig angeschirrt ist, wird Angelika feierlich abgeholt. Herr Traube steigt auf einen Stuhl und hält die Begrüßungsrede.

„Lieber Feuerwehrhauptmann, lieber Engel und Schutzgeist dieses Hauses! Mit diesem Fest, das wir dir zu Ehren heute veranstalten und an dem wir alle – Mensch und Vieh – mit dir fröhlich sein wollen, soll ein Zeichen unseres Dankes sein. Unser Dank dafür, daß du durch deinen Mut und deine Entschlossenheit den Zoo gerettet hast! Es war eine Superleistung, die dir so schnell keiner nachmachen wird. Hoffentlich auch nicht nachmachen muß – nebenbei gesagt, ich ziehe neuerdings immer den Stecker aus der Wand, wenn Freedom in meinem Zimmer ist. Und zum Zeichen unseres besonderen Dankes haben wir nun auch noch ein Geschenk für dich. Entwurf: Andy, und die Hersteller kannst du alle darauf verewigt finden. Bitte vorfahren!"

Herr Traube schwingt die Arme und fällt fast vom Stuhl. Andy biegt mit Zeus um die Ecke, er hält ihn am Halfter und führt ihn so, daß der Einstieg der Kutsche genau vor Angelika hält. Mike überreicht ihr die Zügel.

„Die ist für mich?" Angelikas Stimme klingt ganz piepsig vor Verwirrung. Sie weiß gar nicht, wo sie hinschauen soll.

„Laß dir die Sache mal erklären", sagt Mike. „Diese Kutsche hat Andy für dich entworfen, Spezialanfertigung, weißt du, damit du auch mal allein ins Dorf fahren kannst und so." Und dann beginnt er, sie mit den Einzelheiten dieses Wunderfahrzeugs vertraut zu machen. Schließlich läßt er sie einsteigen und übergibt ihr feierlich die Zügel.

„Wow!" sagt Angelika, und ihre Augen leuchten. „Das ist vielleicht ein Gefühl, Kinder! Spitze! Machen wir eine Ehrenrunde? Aber ihr müßt mich begleiten, ich muß das erst üben, sonst lande ich im Graben!"

Der Wikinger und Pepsi sehen ihnen nach, wie sie um die Hausecke biegen und den Weg durch den Park nehmen. Angelika in ihrer Kutsche und die Jungen und Mädchen drumherum. Nur Andy lehnt an der Stallwand und sieht ihnen lächelnd nach. Dann schlendert er zu Herrn Traube hinüber, der sich um die Steaks auf dem Grill kümmert.

Der Wikinger reicht Pepsi ein Glas.

„Trinken wir auf ihren Erfolg, Pepsi. Auf ein erfolgreich abgeschlossenes Schuljahr . . ."

„. . . und auf ein gutes kommendes!" Pepsi trinkt dem Wikinger zu, dann fällt ihr Blick auf Andy.

„Was ist mit ihm, warum geht er nicht mit? Gerade ihm liegt Angelika doch so am Herzen!"

„Ja – und nein. Ihr Erfolg liegt ihm am Herzen, nicht sie. Andy wird kaum jemals einen Menschen lieben. Lieben kann er nur die Tiere. Oder die Menschheit, die Schöpfung, so ganz allgemein. Keinen Einzelnen."

„Das hört sich schrecklich an, Bolko! So entmutigend!"

„Aber es stimmt. Das ist Andys Behinderung, ihm zugefügt, als er klein war. Eine Narbe, die nie verschwinden wird. Er hat damals keine Liebe kennengelernt, heute ist es wohl zu spät."

„Du meinst, der Schutzpanzer, mit dem er sich umgeben hat, ist zu dick, zu endgültig, um ihn noch aufzubrechen?"

„Ja. Er wird damit leben müssen, wie Angelika mit ihren Krücken. Aber du siehst – das bedeutet nicht, daß sie nicht glücklich werden können. Nur eben – anders als die anderen. Übrigens . . ." Der Wikinger lächelt und sieht Pepsi verschmitzt von der Seite an. „Danke schön!"

„Wofür?"

„Ich weiß nicht, ob du's bemerkt hast. Aber du hast eben zum erstenmal ‚du' gesagt."

„Wirklich? Wie . . . nun ja, Allah ist groß!" sagt Pepsi und lacht.

Deckelbild und Illustration: Ulrike Heyne
Redaktion: Helga M. Wegener
Bestellnummer: 8161

ISBN 3 505 08161 2

Ein weiterer Band ist in Vorbereitung.

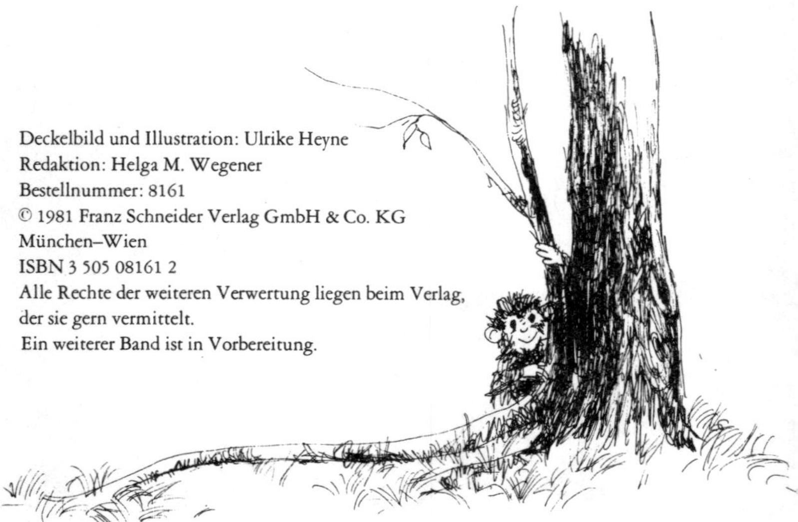

EVELYNE
KOLNBERGER

Julia auf der Wildnis-Ranch

Julia hält den Atem an. Weißes schäumendes Wasser, so weit sie sehen kann. Schwarze Felsen ragen aus dem Wildwasser. Ein leuchtender Regenbogen steht über dem Fluß. Gischt sprüht in das Schlauchboot. Julia hält sich mit beiden Händen fest. Aber dann richtet sich das Boot steil auf und schießt über die nächste Welle! Julia ist begeistert – Ferien in der kanadischen Wildnis sind wunderbar!

Schneider-
Buch

KERSTIN
BACKMAN

Sofie und die Stute Sabrina

Sofie hat Herzklopfen. Die Stute Sabrina ist so furchtbar groß. Wie soll Sofie da in den Sattel kommen? Sie liebt Pferde, aber sie hat auch Angst vor ihnen. Um reiten zu lernen, braucht man Hilfe. Bald findet Sofie auf dem Birkenhof gute Freunde – vor allem aber eine ganz besondere Freundin.

Schneider-
Buch

THOMAS JEIER

Patty
hilft den Kindern
von der Farm

Patty blickt ungläubig zum Rand der Schlucht. Diese steilen Felsen sollen sie emporsteigen? Das ist unmöglich! Aber vier mexikanische Kinder sind in Gefahr, und Patty ist fest entschlossen, ihren Freunden zu helfen. Wird sie das Wagnis bestehen?

Schneider-
Buch